The Walt Disney Company *presenta*

baby einstein.®

Las Grandes Mentes Comienzan desde la Cuna

The WALT DISNEY Company *presenta*

baby einstein.

Las Grandes Mentes Comienzan desde la Cuna

Guía para Padres

Concepto
Julie Aigner-Clark

Ilustraciones
Nadeem Zaidi

Textos
Marcy Kelman

Traducción
**Claudia González Flores y
Arlette de Alba**

Silver Dolphin
en español

Director Editorial de Disney Editions: Wendy Lefkon
Editor de Disney Editions: Jody Revenson
Supervisión de la Edición en Español: Francisco J. Barroso Sañudo
Versión en español: Claudia González Flores y Arlette de Alba

Publicado en México en 2003 por
Advanced Marketing, S. de R.L. de C.V.,
bajo el sello Silver Dolphin en español
Aztecas 33, Col. Santa Cruz Acatlán
Naucalpan, Estado de México 53150

Impreso en China / Printed in China

ISBN 970-718-161-3

Primera edición en español
01 02 03 04 05   03 04 05 06 07

Usted trajo a sus hijos
a este sorprendente mundo . . .
¿Le importaría si nosotros
se lo mostramos?

Capítulo 1

El hogar acogedor para el bebé   página 17

Transforme su hogar en un ambiente acogedor para el bebé, que no sólo sea sano y seguro, sino también educativo y accesible para los pequeños.

Cuarto por cuarto al estilo de Baby Einstein   página 20

Cree áreas de juego seguras y atractivas en la habitación de su hijo, la cocina, el baño y la sala, y encuentre consejos y sugerencias prácticos para equipar cada habitación de la casa.

Creación de una atmósfera amigable para el niño   página 40

Estas ideas para propiciar un ánimo positivo son amigables con el medio ambiente y evocan una atmósfera educativa y cálida que motiva el crecimiento y la estimulación emocional.

No más tareas aburridas   página 47

Ideas novedosas para convertir las tareas domésticas en momentos de aprendizaje.l.

10 juguetes esenciales para el área de juego del bebé   página 51

Nuestra lista de los diez mejores juguetes educativos para el área de juegos de su hijo, con descripciones detalladas sobre cómo cada juguete estimula el crecimiento intelectual, social y emocional de su bebé.

Capítulo 2

Herramientas para descubrir

Descubra proyectos únicos y actividades para dos que motivan el desarrollo del lenguaje y exaltan las artes y las ciencias. Una combinación de prácticas expertas de enseñanza y consejos comprobados de padres para convertir las actividades diarias en enriquecedoras experiencias de aprendizaje.

Capítulo 3

Herramientas para aprender

Esta biblioteca selecta de libros y música proporciona un catálogo completo de recursos educativos amigables para el bebé, incluyendo antologías de poesía, libros de arte y música clásica. Equipe su hogar con una selección de esta sección y familiarizará a sus hijos con las mejores formas de expresión humana: lenguaje, poesía, música y arte.

Índice

LA FILOSOFÍA
DE BABY EINSTEIN

En Baby Einstein sabemos que los bebés son curiosos, se fascinan con las cosas y sonidos que los rodean. Y que en los primeros años de un bebé, todos los momentos del día son una oportunidad para descubrir. Lo que hace de los bebés y los niños pequeños tan maravillosos aprendices es su increíble curiosidad y asombro por el mundo que los rodea. Cómo sale una planta de una semilla, cuáles son los colores del Arco iris y por qué el copo de nieve se convierte en gotas de agua en su mano, son todos milagros fascinantes para un niño pequeño.

Creemos que los bebés y los niños pequeños pueden apreciar el arte y las humanidades. *Las Grandes Mentes Comienzan desde la Cuna* proporciona nuevas formas de interactuar con su hijo con ideas innovadoras, estimular su curiosidad natural empleando objetos del mundo real y acercar a los jovencitos a la música, el arte, la lengua, la ciencia, la poesía y la naturaleza, de manera divertida y enriquecedora.

Las ideas de *Las Grandes Mentes Comienzan desde la Cuna* no tienen el propósito de hacer "más listo" a su bebé o niño pequeño. Se diseñaron para contribuir en el desarrollo de niños sanos y felices y para brindarles lo que nunca pasará con el tiempo: la curiosidad y capacidad de maravillarse. Utilizando las recomendaciones sencillas de este libro, usted incitará la creatividad e imaginación de su hijo mientras fomenta un amor por las palabras, la música y el arte que perdurará para siempre.

Elogios para la Compañía Baby Einstein

"Cuando estaba embarazada me integré a un grupo de padres en línea, y muchas de las mujeres no podían dejar de hablar de Baby Bach, Baby Mozart y Baby Einstein. Cuando mi hijo nació, tuve que corroborarlo. Compré Baby Bach y Baby Mozart y se los mostré. Todos los comentarios maravillosos que aquellas mujeres del grupo habían hecho eran cierto. James quedó hipnotizado con la música y las imágenes. Ahora ya tiene casi 18 meses y aún los mira casi diario. Hace un par de semanas, compré Baby Shakespeare... ¡Dijo "manzana" al día siguiente! Le encantó. Baila y habla con ellos, pero de una manera tranquila. ¡Hoy compré Baby Van Gogh, y se la pasa pidiéndome que lo rebobine! A todas las mujeres embarazadas que conozco les comento acerca de los videos. Definitivamente es lo más importante que le he comprado a mi hijo. ¡Gracias!"

"¡Todo lo que puedo decir es gracias, gracias, gracias! ¡Mi hijo, Steven, tiene nueve meses y ha disfrutado sus videos desde las tres semanas! No puedo decirles cuántas horas hemos pasado en familia mirando sus videos, pero sí puedo decirles que forman una parte muy especial e importante de nuestros días. A todas las que van a ser mamás les he dicho que estos videos son 'IMPRESCINDIBLES'. Por favor, continúen *elaborando estas maravillosas herramientas educativas: ¡nunca serán suficientes!"*

"En un viaje reciente que hice a Estados Unidos para visitar a mi hermana que había tenido gemelos, descubrí sus videos de Baby Bach y Baby Mozart. Ambos niños nacieron con defectos cardíacos severos y era necesario mantenerlos tranquilos antes de su cirugía. Mi hermana logró esta atmósfera de tranquilidad en su casa con la ayuda de sus videos. Hacían que los niños se relajaran cuando estaban inquietos. A una edad muy temprana, comenzaron a reconocer las composiciones musicales que disfrutaban más. Yo toco el violín y, cuando tocaba alguna de las composiciones incluidas en los videos, se notaba en sus reacciones que habían escuchado antes la melodía y les gustaba. Ahora ya los operaron y están muy bien."

"Mi prima me regaló la cinta de Baby Einstein. Me contó lo mucho que su hijo disfrutaba viendo el video. Yo no podía creer que un bebé se sentara a mirar un video. Cuando tuve a mis hijos no había nada parecido. A Micayla, mi nieta, le puse Baby Einstein a la semana de nacida. Las dos lo vemos por lo menos tres veces a la semana. Baby Einstein es su favorito. Sólo tengo que decirle: 'Micayla, ¿quieres ver tu película de "Baby Einstein"?' Y ella contesta asintiendo y aplaudiendo. Ahora ya tiene un año y se sabe el video de memoria (y yo también). Gracias."

Etapas del Desarrollo

De uno a nueve meses: desde muy temprana edad, los bebés reaccionan a las cosas y sonidos que los rodean, primero volteando a ver quién habla para sonreírle, y después imitando sonidos de vocales e inflexiones verbales, hasta que finalmente inician sus propias "conversaciones" con murmullos, balbuceos y chillidos de emoción. Para los nueve meses, los bebés serán capaces de pronunciar consonantes, reconocer su nombre, responder a palabras simples como "no", y posiblemente decir su primera palabra. Una vez que logra sentarse, rodar y gatear, el bebé se encuentra ansioso por explorar a su nivel lo que le rodea. Se puede poner de pie y, con la ayuda de muebles o de alguna mano, dar sus primeros pasos y quedarse parado sólo unos segundos. Es capaz de descubrir objetos escondidos, apilar juguetes, decir "adiós" con la mano y comer algunas cosas con las manos. Lo mejor de todo es que le encanta rebotar y mecerse con la música.

Uno a Nueve Meses

De nueve a dieciocho meses: a los dieciocho meses, los niños pequeños muestran orgullosos su independencia. El bebé es capaz de caminar solo hacia adelante y hacia atrás, treparse en muebles, correr un poco tambaleándose, empujar y jalar objetos grandes, beber de una taza, arrojar juguetes y comer con cuchara. Se divierte infinitamente imitando acciones, cantando y gritando, haciendo garabatos con crayones, jugando a "fingir", y repartiendo besos y abrazos a su gente favorita. ¡Y, aunque sólo puede pronunciar alrededor de 20 palabras, entiende el significado de cerca de 50!

Los niños pequeños de esta edad se fascinan cada vez más con las relaciones espaciales, ya sea explorando cómo sus propios cuerpos caben debajo de las sillas o detrás de las camas, o al darse cuenta de lo sorprendente que es poder llenar y vaciar el contenido de su taza una y otra vez.

Nueve a Dieciocho Meses

De dieciocho a treinta y seis meses: Para cuando cumpla tres años, un niño aprenderá a seguir instrucciones simples, será capaz de reconocer y nombrar sus emociones, y de clasificar objetos por su color o tamaño, sabrá cómo utilizar pronombres personales, ¡y hasta pronunciará enunciados de tres a cuatro palabras! En cuanto a habilidades motrices, se la pasará pateando pelotas, usando pinceles, saltando arriba y abajo, cortando con tijeras, armando rompecabezas sencillos, quitándose su ropa, desatornillando las tapas de los frascos, y subiendo y bajando solo las escaleras. Es en esta etapa cuando los niños empiezan a comprender el paso del tiempo, y a aprender los conceptos de compartir, tomar turnos, y otras habilidades sociales.

Dieciocho a Treinta y Seis Meses

Introducción

Bienvenidos al primer producto de Baby Einstein creado para padres. Al estudiar nuestra colección de grandes libros, videos, discos compactos, DVD y otros enriquecedores objetos, observamos que sólo había un pequeño vacío: faltaba un libro escrito para los padres de recién nacidos, bebés y niños pequeños. Por eso aquí presentamos *Las Grandes Mentes Comienzan desde la Cuna*.

En las páginas siguientes encontrará docenas de ideas, proyectos y actividades maravillosas que le ayudarán a fomentar la confianza, motivar las expresiones propias, y a disfrutar el aprendizaje con su hijo.

Nuestro primer capítulo ofrece una guía cuarto por cuarto llena de ideas simples y consejos prácticos, para transformar cada habitación en un espacio acogedor y amigable para el bebé. Una vez que haya modificado las habitaciones de su hogar, ofrecemos algunas ideas para alegrar los ánimos que ayudan a crear una atmósfera cálida y educativa, incluyendo consejos para el masaje del bebé y aceites esenciales. Y hasta le ayudaremos a no aburrirse con las tareas del hogar, mediante algunas ideas inteligentes para convertir las necesidades domésticas en momentos divertidos para su bebé.

En "Herramientas para Descubrir" ofrecemos docenas de actividades e ideas fáciles y divertidas que motivarán el desarrollo del lenguaje y exaltarán las artes y las ciencias.

Desde grandiosas ideas que integran libros y música, hasta juegos manuales y actividades en la naturaleza; esta sección combina prácticas expertas de enseñanza con consejos comprobados de padres, para convertir las actividades diarias en maravillosas experiencias de aprendizaje.

Y en "Herramientas para Aprender" descubrirá una cuidadosa selección de antologías de poesía, música clásica y libros de grandes obras maestras. Estos recursos invitan a su hijo a descubrir las grandes formas de expresión humana y lo llevan a un viaje mágico que seguramente promoverá un amor por aprender que los acompañará toda la vida.

Cómo usar este libro

Aunque muchas de las ideas van desde el mes hasta los tres años de edad, algunas están específicamente diseñadas para bebés, mientras que otras van dirigidas a niños pequeños. Para encontrar fácilmente la etapa apropiada, hemos clasificado las actividades con los siguiente símbolos:

sonaja para bebé; pelota para niño pequeño; y estrella para todas las edades. Este sistema único de clasificación será útil para los padres que tengan más de un hijo menor de tres años o los padres cuyos bebés hayan "dejado atrás" alguna actividad, pero desean algo similar para la siguiente etapa.

Capítulo 1

El Hogar Acogedor
para el Bebé

Los bebés realmente convierten la casa en un hogar, y una vez que llegan, su casa nunca volverá a ser la misma. La cristalería antigua, las chucherías de porcelana y los modernos aparatos electrónicos que alguna vez colocó a la vista ahora lo ponen a temblar de miedo.

Sí, ha llegado el momento de redecorar de acuerdo con su nuevo orgullo y alegría. Y la mejor manera de empezar, es entrando a cada habitación de su casa justo como un bebé lo haría: ¡gateando! Sin embargo, mientras busca los peligros potenciales desde la perspectiva de un bebé, recuerde que es igualmente importante buscar las oportunidades de aprendizaje escondidas en cada rincón.

Aunque hay algunos objetos que definitivamente no deseará colocar al nivel del bebé, hay otras cosas que sí; en especial aquellas que pueden servir como herramientas de aprendizaje. Este capítulo contiene excelentes ideas para transformar su hogar en un ambiente divertido, educativo y atractivo para los pequeños. Coloque estratégicamente por toda su casa aparatos ingeniosos que fomenten la independencia e inspiren la curiosidad. ¡Éstos deben situarse al nivel de esos... locos bajitos! Como los niños pasan la mayor parte de sus horas despiertos en cuartos que no son los suyos, es importante considerar las posibilidades que cada habitación de su casa puede ofrecer. (Para comenzar, enseguida encontrará una descripción general cuarto por cuarto para crear áreas de juego seguras y accesibles en toda su casa).

Cuarto por cuarto al estilo de Baby Einstein

La Habitación de su Hijo

Al decorar la habitación de su bebé, recuerde que los recién nacidos pueden percibir visualmente objetos alejados de 20 a 30 cm de su cara. Debido a que su campo visual es limitado, los colores contrastantes (como las combinaciones de rojo, negro y blanco) son los más fáciles de distinguir. Haga tarjetas simpáticas y sencillas con las imágenes favoritas del bebé, como caritas felices, tableros de cuadros blancos y negros, espirales, círculos concéntricos, zigzags, diagonales y otros diseños cautivadores. Asegúrese de que las tarjetas estén bien fijas y fuera del alcance del bebé, ponga algunas tarjetas en un móvil, péguelas en su cuna donde pueda mirarlas fácilmente, o cuélguelas en

la pared justo arriba del cambiador. Rote periódicamente las tarjetas para ofrecerle un cambio de panorama.

Dele a su recién nacido algo estimulante y adorable que mirar mientras esté en la cuna... ¡solo! Asegure un espejo irrompible para niños en su cuna para brindarle horas de deleite. Las caras son las imágenes más atractivas para el bebé, y pronto notará que cuando mueve su cabeza o sonríe, también lo hace la cara que está en el espejo.

Fije un rehilete en uno de los extremos del cambiador del bebé. Haga girar el rehilete para mantenerlo ocupado mientras le cambia el pañal, lo desviste, o controla su temperatura. Le encantará ver los lindos colores en movimiento, y ayudará a distraerlo mientras usted se ocupa de atenderlo.

Cuelgue un tablero en la pared sobre el cambiador del bebé y pegue ahí recortes grandes de revistas con caras de bebés —además de mamá, papá y la abuela—; utilice una masa adhesiva en lugar de alfileres o tachuelas para fijar los recortes. Señale las caras mientras lo cambia, y refuerce palabras como "bebé", "ojos", "nariz", "sonrisa" y "boca". Cuando sea mayor, puede usar el tablero para pegar sus dibujos y pinturas.

Para las tranquilizantes "luces nocturnas" en el cuarto de su niño pequeño, considere pegar en el techo, sobre su cama, calcomanías de lunas y estrellas que brillan en la oscuridad. Antes de arroparlo en la cama para dormir, canten juntos "Estrellita, ¿dónde estás?", dígale que le pida un deseo a una estrella, o invente un cuento sobre un valiente explorador del espacio que se llamaba como su hijo. Hablar sobre el cielo nocturno es un maravilloso ritual para la hora de dormir, y el agradable brillo de las calcomanías le ayudará a combatir el miedo a la oscuridad.

Pinte la puerta del armario de su hijo o una parte de la pared de su cuarto con pintura para pizarrón (disponible en la mayoría de las ferreterías) para crear un lienzo permanente en donde mostrar todas sus obras maestras. Para aislar el área de pizarrón en la pared, primero busque un marco grande y económico de madera en una tienda, pinte el área del pizarrón al tamaño del marco y después pegue el marco en la pared. Otra opción es buscar jugueteros de madera baratos o mesas bajas de madera y cubrirlas con pintura para pizarrón. Guarde los implementos de arte de su hijo junto con tizas de colores y moldes de plástico para cortar galletas, de trazo fácil.

Cree un rincón acogedor de lectura en la habitación de su niño pequeño. Tire al suelo almohadones y "puffs" para sentarse cómodamente. Voltee de lado una caja grande de plástico y coloque ahí sus libros favoritos; también servirá como mesa para poner bocadillos y tazas de pico. Considere usar esta área para leerle a su hijo sus cuentos favoritos a la hora de dormir o de la siesta.

🥣 Coloque una bandeja para galletas grande en la pared del cuarto de su niño pequeño, a su nivel, para que pueda formar palabras divertidas con letras magnéticas. Compre láminas magnéticas autoadheribles para pegar recortes de revistas de bebés, animales, flores y otras imágenes que su hijo desee tener en su área de juego magnética. Tal vez prefiera imprimir algunas palabras comunes en su computadora, pegarlas sobre imanes, y después sentarse con su hijo pequeño a crear un cuento de jeroglíficos, que combine tanto imágenes como palabras en su bandeja para galletas.

🥣 Si no tiene suficiente espacio en el cuarto de su hijo para un caballete, considere colocar un sujetapapeles grande del tamaño de un caballete en una pared del cuarto. El sujetapapeles puede sostener hojas de papel grandes para dibujar y pintar con los dedos, y no ocupará espacio cuando no se use. De hecho, se puede convertir en un área para exponer obras de arte de cambio constante.

🥣 En vez de almacenar un grande y molesto teatro para marionetas en la habitación de su hijo, coloque un cortinero ajustable con resortes en el marco de su puerta para crear un escenario instantáneo para marionetas. Cuelgue un mantel o una cortina vieja del cortinero, y deje que él lo decore a su gusto. Cuando el espectáculo de marionetas termine, simplemente guarde el "escenario" en un armario cualquiera.

La Cocina

Los bebés se inquietan rápidamente cuando se sientan en una silla alta. Si ve que su hijo le quita la cuchara de la mano siempre que intenta darle de comer, dele su propia cuchara. ¡Le encantará sostener con independencia su propio cubierto! Muy probablemente, golpeará el plato de comida con la cuchara, tratará de sacar la comida del plato que usted sostiene, intentará meterse la cuchara a la boca, y (lo mejor de todo) hasta intentará darle de comer a usted. Absténgase de lavarle la cara y limpiar su silla alta entre un bocado y otro. Esta aventura puede dejar su comedor hecho un desastre, pero es importante darle el tiempo y el espacio necesarios para que experimente comer por sí mismo. De hecho, es probable que se siente y coma durante más tiempo si tiene sus propios cubiertos.

Otra forma de mantener el interés del bebé a la hora de la comida es colgar un espejo irrompible en una pared junto a su silla alta para que se pueda ver comer. Le encantará abrir la boca y ver lo que hay adentro, ofrecerle un bocado a su reflejo, y verse masticar la comida y beber de su taza. Sobre todo, mirarse en un espejo le ayudará a mejorar el movimiento fino de sostener una cuchara y transportar exitosamente la comida a la boca.

Aparte un gabinete o cajón de su cocina exclusivamente para el bebé. Con esto lo mantendrá ocupado mientras usted atiende las tareas diarias y también le ayudará a controlar su interés en las zonas prohibidas de la cocina. Llene su espacio especial con una gama variable de contenedores y tazas de plástico para guardar y apilar, cucharas grandes de madera para golpear y fingir revolver, y embudos de plástico y tazas medidoras para llenar y vaciar.

Sustituya los imanes pequeños de la cocina que pudieran tragarse, por grandes letras de plástico imantadas. Puede crear un ritual muy esperado en el que se revise el refrigerador cada mañana para encontrar la palabra del día, o un mensaje especial para el bebé. Compre láminas magnéticas para hacer sus propios imanes infantiles con fotos de las mascotas favoritas, caras de bebés de las revistas, o carritos de plástico seguros con los que su pequeño pueda hacer "run, run" por todo el refrigerador.

⭐ En las baratas o tiendas de descuento, busque un juego de mesa con sillitas de plástico infantiles para su cocina. Compre varios manteles de papel económicos en una tienda de fiestas infantiles. Saque un mantel nuevo cada semana y deje que el bebé lo decore con crayones y calcomanías para recibir a sus invitados imaginarios a la fiesta. Ayúdelo a pensar en diferentes temas decorativos para la semana, como insectos, flores, animales, peces, o caras simpáticas. Este proyecto es una maravillosa tradición para las mañanas de lunes, y podrá agregar obras maestras a su mantel todos los días.

⭐ Haga un "cajón de arena" en la cocina. Llene un recipiente de plástico rectangular y poco profundo con pasta cruda o cereal de arroz inflado. Tenga a la mano tazas para medir, coladeras, tazones, y cubetas y palas de plástico para cavar y sacar la "arena". Quizá quiera enterrar un tesoro escondido en el cajón de arena para que su bebé lo encuentre cada mañana, como su muñeco de trapo, un personaje de acción, un camión o su fruta preferida bien empacada.

⭐ Deje que el bebé pinte con los dedos labandeja de su silla alta con su sabor favorito de natilla, yogurt o puré de manzana. Esta es una deliciosa manera de fortalecer la coordinación mano-ojo, mientras le enseña a trazar con sus dedos figuras, caritas felices, números y letras del alfabeto.

⭐ Si las sillas de su cocina son firmes, considere colgar juguetes de los eslabones de unas cadenas de plástico atadas a los respaldos de las sillas. Esta es una gran manera de poner los juguetes a la vista y animar a los bebés que gatean a que se pongan de pie con la ayuda de una silla y practiquen el arte del equilibrio.

⭐ Haga un camino con obstáculos en la cocina para los aventureros. Coloque cuatro sillas o más a 30 cm de distancia una de otra. Ponga un juguete sobre el asiento de cada silla y observe a su aventurero moverse cuidadosamente de una silla a otra para investigar cada emocionante juguete. Una vez que haya dominado este camino, coloque las sillas más lejos una de otra para darle a su aventurero la oportunidad de dar unos cuantos pasitos entre una y otra.

⭐ Lave los envases de yogurt para usarlos como juguetes ingeniosos en la cocina. Apile varios en forma de pirámide sobre el piso de la cocina para jugar al boliche con el bebé, utilizando una pelota de goma. También puede poner arroz crudo en moldes para yogurt bien cerrados para hacer divertidas sonajas, o utilizar los envases como prácticos contenedores para guardar crayones o bocadillos para las tardes.

🛁 Para horas de diversión, deje que los niños pequeños pongan una tienda en su cocina. Recicle las cajas vacías de cereal, contenedores de avena, botellas de refrescos, latas de café y cartones de huevo para su supermercado de juguete.

Pueden utilizar una caja de cartón como mostrador, imanes en forma de comida o comida de juguete para vender, bolsas de papel para empacar todos los artículos, una carretilla como carrito del supermercado, y billetes de papel hechos con papel seguridad de colores.

El Baño

Tómese su tiempo para enseñarle al bebé cómo funcionan las cosas en el baño. Deje correr agua tibia de la llave, permítale meter y sacar sus manos del chorro, y después seque sus manos con una toalla suave. Enséñele cómo se desagua el excusado, cómo se lava usted los dientes, cómo puede intentarlo él con su propio cepillo de dientes para bebés, y cómo cepillar su cabello y el de él frente al espejo.

Busque banquitos para niños en tiendas de descuento. Tómese el tiempo para pintar el banquito de su color favorito, personalizarlo con su nombre, y agregarle toques decorativos con pegamento brillante y bolígrafos de tinta plateada y dorada. Un banquito hará a su hijo autosuficiente, permitiéndole el acceso al lavabo y al espejo cuando necesite lavarse los dientes, cepillarse el cabello, o lavarse manos y cara. Asegúrese de guardar el banquito en un armario o gabinete cuando no lo use, y dígale que le avise cuando lo necesite. Tener esta precaución le asegurará estar presente siempre cuando el pequeño se suba en él.

⭐ No necesita comprar un montón de juguetes comerciales de baño para chapotear en la tina: sus favoritos para el agua pueden estar justo en su cocina. De hecho, los objetos para el espacio personal del bebé en la cocina pueden servir para la bañera. Las tazas, embudos, jarras, cucharas para medir y pequeños contenedores de comida de plástico son maravillosas opciones para llenar y vaciar de agua.

⭐ Permita que los chicos vayan de pesca a la bañera. Utilice marcadores permanentes para convertir las viejas cucharas medidoras de plástico en peces de colores y otras criaturas acuáticas. Los niños disfrutarán pescando con una coladera de cocina en lugar de una red para pescar.

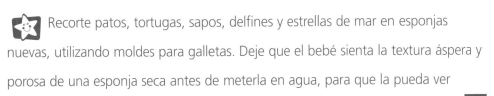

⭐ Recorte patos, tortugas, sapos, delfines y estrellas de mar en esponjas nuevas, utilizando moldes para galletas. Deje que el bebé sienta la textura áspera y porosa de una esponja seca antes de meterla en agua, para que la pueda ver crecer de manera mágica. Comente cómo la esponja se siente blanda cuando está mojada. Anímelo para que exprima el agua de la esponja, y después la llene de agua y la vea crecer.

⭐ Utilice tijeras para convertir una toalla en un divertido paño en forma de pulpo o medusa. Asegúrese de cortar tiras largas de toalla para que la criatura tenga patas largas y colgantes. Haga que se mueva rápidamente, se estremezca y persiga al bebé bajo el agua; después haga que las patas colgantes de la criatura se suban por las piernas, brazos y cabeza del bebé para jugar a las cosquillas.

⭐ Los platitos para jabón y los moldes de plástico para mantequilla son barquitos perfectos para la hora del baño, mientras que las tapas cuadradas de plástico de los moldes son balsas ideales para transportar pequeñas figuritas de plástico. Deje que los muñecos de acción floten dentro de los aros de plástico apilables del bebé, como si fueran salvavidas.

Un baño es la oportunidad perfecta para enseñarle al bebé las partes de su cuerpo. Invente rimas simpáticas para enseñarle sus nombres:

"Después de cenar,
tu cara hay que lavar.

Tengo una rima que te hará feliz:
¡Me encanta frotar tu linda nariz!

¿Está muy sucia? Vamos a ver,
y a limpiar a (NOMBRE) de la cabeza a los pies.

Sí, mi bebé parece un encanto,
con burbujas arriba y abajo del brazo.

Es muy linda y tiembla como gelatina...
Aquí está (NOMBRE) y esta es su pancita.

¿No te molesta lo que he hecho?,
¡Qué bueno! Ahora vamos a lavar tu pecho.

Lava esas piernas, lava tus pies...
Y yo con mucho gusto tus rodillas frotaré.

Ahora el champú en el pelo te ponemos,
Y con mucho cuidado te lo enjuagaremos".

⭐ Haga una marioneta para la hora del baño: corte los dedos de un guante de goma y dibuje una cara graciosa en la palma del guante. Póngase el guante en la mano y dele vida moviendo rápidamente sus dedos, haciéndole cosquillas al bebé, poniéndole pelo y barba a la cara con burbujas de jabón, haciéndola nadar, y hablando con voz graciosa mientras su personaje baña al bebé.

⭐ Con una cadena de plástico, cuelgue de su regadera (ducha) un juguete visualmente estimulante. Para evitar que el jabón le entre en los ojos, llame la atención del bebé hacia el juguete que cuelga sobre él cuando le enjuague el cabello.

⭐ Para un baño divertido, cántele esta canción al bebé mientras le da un baño de burbujas:

> *"Burbujas, burbujas en la bañera,*
> *El bebé necesita una buena limpieza.*
> *Burbujas, burbujas en tu cabello,*
> *En tu espalda y en tu cuello.*
> *Burbujas, burbujas ¡qué gran diversión!*
> *¡Enjuágalas ya y el baño se acabó!"*

⭐ Cuelgue un espejo irrompible en la regadera (ducha) para que quede al nivel de la vista del bebé cuando tome su baño, y hasta los bañistas más tímidos se desinhibirán. Les encantará jugar a esconderse frente al espejo con una toallita para la cara, reírse con barbas de burbujas y salpicar su reflejo. Para que se ría mucho, hágale un peinado puntiagudo con champú o párele el cabello enjabonado en el centro de la cabeza.

⭐ Vacíe jabón líquido transparente para bebé en varios vasitos desechables y agregue unas gotas de colorante vegetal a cada uno. Meta sus dedos en las mezclas de jabón y pinte la piel del bebé con remolinos, letras, figuras, caritas felices y zigzags de colores. Mientras aplica cada color, explíquele al bebé lo que está haciendo: "Vamos a pintar de rojo el brazo del bebé" o "Ahora estamos pintando una cara azul en la barriguita del bebé". Cuando haya terminado su sesión de pintura, sólo tiene que enjuagar el jabón.

⭐ Para hacer verdaderas acuarelas en el baño, llene de agua tres botellas con atomizador y agregue unas gotas de colorante vegetal rojo a una, amarillo a otra y azul a la tercera. Diviértase rociando estos colores primarios sobre el azulejo o superficies plásticas de su baño. Hable sobre los colores mientras los rocía, y mézclelos un poco para enseñarle cómo se combinan los colores primarios y crean matices verdes, morados y anaranjados.

La Sala

En vez de gastar dinero en gimnasios de estimulación para su sala, coloque dos sillas sólidas de madera, respaldo con respaldo, a un poco más de un metro de distancia una de otra. Inserte una escoba entre los respaldos de las sillas, para que el palo de la escoba descanse sobre el asiento de una silla y el lado de las cerdas sobre la otra. Cuelgue varias cadenas de plástico en el centro de la escoba, con un juguete en el último eslabón de cada cadena. Cuando los juguetes estén en su lugar, asegure la escoba a los asientos de las sillas con cinta adhesiva. Ponga una cobija suave bajo las cadenas de juguetes para que el bebé pueda estirarse y jugar con los juguetes colgantes, mientras descansa cómodamente sobre su espalda.

Asegúrese de tener un reproductor de discos compactos o casetes en la sala. A los niños de todas las edades les encanta balancearse y mecerse con la música, así que tenga a mano una colección variada de discos compactos. Además de ponerle música clásica, baile con su bebé reggae, jazz, salsa y sus melodías favoritas de rock-and-roll. Los videos y DVD de Baby Einstein también contienen grandiosas selecciones musicales para bailar. Mire cómo reacciona y se mueve con una gran variedad de ritmos y melodías. Escuche ritmos alegres de jazz para levantar al ánimo de un bebé irritable o en dentición, o lleve suavemente a un bebé cansado a la tierra de los sueños con música New Age que contenga sonidos de la naturaleza, como suaves olas del mar o el tranquilizante canto de los grillos por la noche.

⭐ Ponga una canasta baja llena de juguetes en la sala para que los pequeños los puedan sacar y jueguen con ellos a su antojo. A la mayoría de los bebés les encanta sentarse dentro de la canasta y pasarán más tiempo entrando y saliendo de ella que jugando con los juguetes. Aproveche esta oportunidad para enseñarle al bebé "lleno" y "vacío", y "dentro" y "fuera", mientras su pequeño llena y vacía la canasta.

⭐ Quite los objetos que se puedan romper de las dos repisas más bajas de un librero o armario y llénelas de libros, bloques y juguetes para bebés, para que tenga su propio espacio donde guardar cosas en la sala. Siempre parece que los bebés reciben más juguetes de los que podrían usar en su infancia; entonces ¿por qué no cambiarles la colección de juguetes cada determinados

días? Por ejemplo, divida 21 de sus juguetes y animales de peluche favoritos en tres canastas (etiquételas "A", "B" y "C"), cada una con siete juguetes. Para jugar en las tardes de lunes y martes, ponga la canasta "A" en su repisa. Saque la canasta "B" para miércoles y jueves, y deje que el bebé juegue con la canasta "C" viernes y sábados. Combine objetos de todas las canastas para los domingos, y comience la "revoltura de juguetes" de nuevo. Siempre encontrará nuevas formas de combinar e interactuar con los juguetes y nunca se aburrirá con la misma vieja colección.

Haga túneles de exploración en su sala. Quite las tapas de cajas grandes de cartón y colóquelas de lado para que los bebés que gatean puedan meterse a explorar. Ruede una pelota dentro del túnel para que su bebé la persiga, o meta animales de peluche para que los encuentre. Puede usar cinta adhesiva para unir dos túneles. Recorte figuras divertidas en los costados de las cajas con moldes para galletas y un cuchillo, para dejar pasar luz y tener ventanas para asomarse; después utilícelas para el aprendizaje de las figuras.

Los platos de papel son muy buenas herramientas para que los pequeños aprendan. Ponga un montón de platos decorados en la sala. Escriba las letras del alfabeto en un grupo de platos, números en otro, y trazos de colores en otro más. Haga una pista de obstáculos en la sala, pídale a su niño que se pare sobre el plato marcado con un "1", por ejemplo; después, que vaya al "2", y así sucesivamente, hasta que llegue al plato "10". Puede divertirse contando los números del 10 al 1, caminando hacia atrás sobre los platos. Para enseñarle las letras del abecedario, coloque en círculo su juego de platos con letras y deje que su niño brinque sobre las letras mientras usted canta la canción del "ABC". Utilice su juego de platos de colores para reforzar los nombres de los colores, las partes el cuerpo y el concepto de izquierda y derecha: "¿Puedes tocar el plato verde con tu pie derecho?"

Tire almohadas y almohadones sobre el piso de la sala, para que los niños pequeños puedan jugar a saltar como ranas. El objetivo es saltar de una almohada a otra sin "mojarse" (tocar el piso de la sala). Este juego afina la destreza y el equilibrio. Si los almohadones están un poco pesados y a su niño le es difícil

manejarlos, sustitúyalos con manteles individuales o toallas de baño. Para un reto mayor, emplee toallas faciales o posavasos, para saltar de puntitas sobre los "lirios".

 Emocione a los bebés aventureros que gatean colocando un enorme almohadón sobre el piso frente a su sofá. Siéntese en el sillón con uno de sus libros o juguetes preferidos y anime al bebé para que trepe al sillón y se siente junto a usted. El pequeño disfrutará la emoción de realizar la tarea por sí solo y le encantará ver la sala desde una perspectiva completamente nueva. Asegúrese de levantar los almohadones del piso antes de salir de la habitación.

Extienda una cobija grande sobre dos o más sillas firmes

para crear una casa de juguete instantánea para los muñecos y animales de peluche del niño. Los asientos de las sillas pueden servir como recámaras del piso superior, mientras que el suelo debajo de la cobija y bajo las sillas puede ser la cocina, el comedor y la sala. Para ayudarlos a decorar sus casas, deles cajas de zapatos para las camas, toallitas faciales como cobijas, esponjas para las almohadas, y un montón de pequeños moldes de plástico para simular mesas, sillas, sillones y bañeras.

Creación de una Atmósfera Amigable para el Niño

Ahora que cuenta con una descripción general cuarto por cuarto para equipar su hogar con cosas realmente amigables para el bebé, aquí tenemos algunas ideas que propician un ánimo positivo y son amistosos con el medio ambiente, para evocar una atmósfera cálida y educativa en su hogar:

Los bebés crecen con rutinas. Saber qué esperar enseguida es muy tranquilizante, y usted puede ayudar a que su bebé asocie los rituales diarios con canciones. Poner una selección favorita del disco compacto de Baby Bach o Baby Mozart a la hora del baño todas las noches, por ejemplo, le dará la señal al bebé de que llegó el momento de calmarse y estar listo para ir a la cama. Escuche su colección de discos compactos de Baby Einstein para seleccionar la melodía correcta para el bebé a la hora del juego, la hora de la comida, o la hora de acurrucarse con mamá.

Elija un área de la casa con luz tenue, libre de distracciones, para darle de comer a su recién nacido. Olvídese del estrés del día y deléitese con este momento especial de acercamiento: acaricie la cara del bebé, háblele sobre su día juntos, ponga un relajante disco compacto de Baby Einstein, y disfrute arrullando a su pequeño.

Se dice que dar masajes al bebé le ayuda a dormir tranquilo, fortalecer la seguridad en sí mismo, ganar peso, mejorar la digestión y estimular las conexiones nerviosas para incrementar el desarrollo del cerebro y la inteligencia. El masaje también es una forma relajante y divertida de acercarse al bebé, desarrollar su confianza y familiarizarlo con su propio cuerpo.

Después del baño o antes de ir a la cama, dele al bebé un masaje relajante presionándolo muy suavemente con aceite o loción para bebé. Asegúrese de darle el masaje en una habitación cálida y con luz tenue, libre de distracciones. Lo puede colocar sobre una toalla suave en su cambiador o sobre una manta confortable sobre su cama. Seleccione la misma pieza de música clásica en todas las sesiones de masaje. La melodía significará que llegó el momento de relajarse y prepararse para ir a la cama.

Otra opción es cantar su propia canción de cuna tranquilizante mientras masajea al bebé. Podría cantar esta canción, que va con la melodía de "Here We Go 'Round the Mulberry Bush":

> *"Así frotamos nuestros pies,*
> *nuestros pies, nuestros pies.*
> *Así frotamos nuestros pies*
> *y nos vamos a la cama".*

Continúe cantando así con cada parte del cuerpo mientras las masajea.

Cuando los bebés se inquietan o irritan, un cambio de panorama puede hacer maravillas. Cuelgue campanitas de viento de un árbol en su patio. Saque al bebé para que escuche las tranquilizantes notas y toque las campanitas. Esta simple distracción puede ayudar a calmarle los nervios y permitirles a ambos disfrutar de un tranquilo paseo por el exterior.

Ponga un alimentador de pájaros afuera de su ventana, para que su bebé pueda disfrutar de ver y oír a todos los pájaros del jardín. Use los libros de animales y pájaros de Baby Einstein como ayuda para enseñarle cosas fascinantes sobre las aves.

Nunca es demasiado temprano para enseñar la importancia de reciclar, y existen muchas formas divertidas de practicarlo que están al alcance de los niños. Cuando se terminan las toallitas húmedas, sus contenedores con tapa son ingeniosas cajas para guardar crayones, marcadores, tizas (gises), pinceles, lápices de colores y otros implementos artísticos para niños pequeños. Convierta las cajas viejas de zapatos en edificios y trenes imaginarios, o utilícelas para guardar carritos de juguete o colecciones de tarjetas, o forre varias de papel para hacer bloques apilables de colores. Motive a sus pequeños a pensar en formas imaginativas de transformar las viejas revistas, periódicos, cajas y contenedores de comida en objetos únicos. ¡Le sorprenderán sus creativas sugerencias!

Cree un ambiente armonioso y relajante en su hogar, utilizando la magia aromatizante y restauradora de los aceites esenciales. Al igual que para los adultos, la aromaterapia puede ser muy benéfica para los niños. La esencia es un detonador poderoso que puede levantar y energizar sus ánimos, o confortar y tranquilizar a los niños cuando se sienten de mal humor. La manzanilla romana y la lavanda se han empleado durante siglos para tratar la ansiedad, el cólico, el dolor por dentición y los problemas digestivos en los niños. Su aroma dulce y sus propiedades calmantes y sedantes son ideales para tranquilizar a los bebés cansados o irritables:

Los aceites esenciales están disponibles en muchas tiendas naturistas y en muchos catálogos de aromaterapia o de salud y belleza. Asegúrese de comprar sólo aceites esenciales puros y no mezclas aromáticas sintéticas. Nunca aplique aceites esenciales directamente sobre la piel sensible del bebé: siempre dilúyalos primero con agua o combínelos con un aceite portador, como el aceite de jojoba o de almendras dulces, antes de usarlos. Más vale pecar de precavidos: pregunte a su pediatra antes de usar cualquiera de estas aplicaciones:

• La manzanilla romana tiene propiedades sedantes, es ideal para calmar niños ansiosos, temerosos, o con dificultades para dormir. Para facilitar un sueño tranquilo y reparador, añada una o dos gotas a un difusor o sobre una almohada o manta en el cuarto de su hijo antes de la hora de dormir.

• Para un baño relajante y de aroma dulce, mezcle una gota o dos de aceite esencial de lavanda con jabón líquido antes de agregarlo al agua del baño. Agregar lavanda (o manzanilla romana) al baño de su pequeño, ayuda a evitar las rozaduras del pañal.

• Cree una atmósfera cálida y soleada en su hogar impregnándola con aromas cítricos. Sólo agregue unas cuantas gotas de aceite esencial de mandarina, toronja o limón a un difusor de aro para lámpara, y disfrute de los efectos revitalizadores. Se sabe que la mandarina tranquiliza a los niños inquietos y los hace sentir alegres y llenos de energía; la toronja disminuye el enojo, aumenta la confianza y controla la depresión; y el aroma penetrante del limón aclara la mente y reduce la ansiedad.

• Sumerja una toalla en té de manzanilla y después refrigérela. Désela al bebé para que la muerda y así calmará el dolor por la dentición.

• Una compresa caliente con una o dos gotas de aceite esencial de manzanilla romana o lavanda puede aliviar el dolor de oídos. Ponga compresas calientes sobre los oídos y el área de la mandíbula y cuello que los rodean.

•Además de sus propiedades sedantes, la manzanilla también es conocida porque ayuda a la digestión. Una cucharadita o dos de té de manzanilla pueden ayudar a aliviar los retortijones intestinales en los bebés con cólicos.

• Para calmar los nervios alterados o inducir un sueño tranquilo (¡o ambos!), dé un masaje al bebé con este aceite: 1 gota de aceite esencial de lavanda, 1 gota de aceite esencial de manzanilla romana, y 5 cucharaditas de aceite de almendras dulces. Los bebés con gases y cólicos se beneficiarán con un suave masaje en su barriguita con esta combinación calmante, que sin duda aliviará la presión y el dolor por los gases.

• Para niños de seis meses o más, con síntomas de resfriado, agregue una gota o dos de aceite esencial de eucalipto smithii (el eucalipto más efectivo y seguro para niños) a un humidificador para ayudar a aliviar la nariz y el pecho congestionados. Si pone eucalipto en sus atomizadores de limpieza hechos en casa y en los difusores de las habitaciones, ayudará a desinfectar su hogar y a evitar que se esparzan los gérmenes del resfriado a todos los miembros de la familia.

Una Separación Sencilla

Si los abuelos del bebé viven lejos, pídales que le manden al bebé mensajes grabados en video. Esta es una maravillosa forma para que el bebé relacione las imágenes visuales con las palabras "abuela" y "abuelo". Como sus rostros y voces le serán familiares a través de los videos, reconocerá rápidamente a la abuela y al abuelo —y el bebé incluso podrá decir sus nombres con facilidad— cuando vengan a visitarlo.

Ponga dos gotas de aceite esencial de lavanda en un pañuelo y colóquelo cerca de un ventilador o calentador para liberar el aroma tranquilizante del aceite cuando alimente al bebé, lo arrulle, o le lea un cuento para dormir. Pronto empezará a relacionar este aroma familiar con sentimientos de calidez, seguridad y comodidad. Si lleva un pañuelo con aroma a lavanda para cuando esté lejos de casa, su fragancia ayudará a tranquilizarlo en sitios desconocidos (en la casa de la niñera o en un hotel cuando la familia va de vacaciones).

Aminore la ansiedad por la separación que su hijo puede experimentar cuando mamá o papá están lejos en un viaje de trabajo. Grabe en video a mamá o papá leyendo sus libros favoritos, cantando canciones y mandándole besos a su pequeño.

Muchos bebés y niños pequeños están bien durante el día cuando los cuida la niñera o algún pariente, pero comienzan a sentir nostalgia o ansiedad cuando llega la noche. Si van a pasar la noche en casa de la abuela o de la niñera, ayúdelos a prepararse para la transición nocturna. Grabe los sonidos tranquilizantes y familiares de su rutina nocturna: las canciones que le canta al bebé durante el baño, los juegos que juega para ponerle su pijama o cepillar sus dientes, los cuentos para dormir o rimas infantiles que usted o papá le leen, y sus canciones de cuna favoritas para dormir.

No más
Tareas Aburridas

Desgraciadamente, el día de un padre o una madre no sólo consiste en juegos sin nada de trabajo. La buena noticia es que no tiene que hacer todas sus tareas domésticas en los intervalos de sueño de una hora o dos del bebé. Para el pequeño, verlo o ayudarle a trabajar en casa es jugar. Estas son algunas ideas novedosas para convertir las tareas domésticas en divertidos momentos de aprendizaje:

Cuando necesite realizar alguna tarea en casa, no se preocupe: las labores domésticas le pueden parecer a usted aburridas y agotadora, pero los sonidos, panoramas y movimientos involucrados en su trabajo diario seguramente fascinarán al bebé. Tan sólo ponga a su niño en su asiento de seguridad y piense que las tareas mundanas —vaciar la lavadora de platos, preparar la cena, doblar la ropa y trapear el piso— son excelentes oportunidades para aprender nuevas palabras y frases. Deje que el bebé sienta el calor de la ropa recién sacada de la secadora, enséñele los conceptos de "abierto" y "cerrado" mientras guarda objetos en gabinetes y cajones, y diga los nombres de los utensilios básicos de la cocina, como "taza", "plato" y "cuchara". Puede ser bueno hablarle al bebé mientras trabaja para enseñarle gramática en contexto y ponerlo en contacto con estructuras de enunciados simples, como "Mamá seca los platos", "Yo barro el piso" y "Por favor, dale de comer al perro".

calcetín

playera

pantalón

¡Ayude a que su hijo aprenda nuevas palabras mientras usted lava la ropa! Enséñele los nombres de la ropa mientras dobla los calcetines, baberos y ropa interior, y cuelga las camisas, pantalones y vestidos. Puede colocar la canasta de la ropa frente a un espejo, poner un calcetín, babero o toallita limpia sobre la cabeza del bebé, y preguntarle: "¿Qué hay en la cabeza del bebé? ¿Es un calcetín? ¿Puedes darle el calcetín a mamá?" Enséñele los colores de la ropa y las toallas, y luego pregúntele: "¿Dónde está la toalla azul?".

Una canasta baja para la ropa es perfecta para que el bebé juegue baloncesto. Mientras usted cuelga la ropa, el bebé puede trabajar en su coordinación mano-ojo ayudándole a poner los calcetines en la canasta de la ropa. Enrolle los pares de calcetines limpios en bolas individuales. Muéstrele al bebé cómo lanzarlas dentro de la canasta y felicítelo cada vez que meta canasta. También puede dejar que su pequeño intente hacer pares de calcetines por su tamaño o color.

Realice sus tareas matutinas y mantenga ocupado a su niño que ya camina, con este ritual diario: llene una caja de plástico con tapa de objetos comunes y no peligrosos, cuyos nombres comiencen con la misma letra (como plátano, pelota, plato, y otros objetos que empiecen con la letra "P"). Guarde la caja en un cajón o gabinete de la cocina que haya destinado para él. El pequeño tratará de abrir la caja cada mañana para adivinar la "letra misteriosa" del día. Muéstrele durante el día otros objetos que comiencen con la misma letra, mientras trabaja en el patio, maneja el auto, o van de compras al supermercado.

Mantenga ocupado a su niño pequeño jugando adivinanzas mientras trabaja en la cocina. Haga que cierre sus ojos y adivine el sonido que está haciendo en la cocina (el agua que corre, cuando se abre la puerta del horno, la escoba que barre, la alarma del horno); permítale explorar nuevas texturas con sus dedos y adivine lo que siente (una gelatina temblorosa, una esponja blanda, un guante suave de hule (goma), una toalla áspera de cocina); juegue el juego del olor misterioso (canela, tarta de manzana, chicle, naranja); o haga que adivine los deliciosos ingredientes que emplea para hacer la cena jugando al juego de la degustación.

Además de ayudarle a sacar, batir y vaciar mientras prepara la comida, su pequeño también le puede dar la mano midiendo y contando objetos, jugando al ayudante del cocinero. Aunque no esté muy listo para dividir recetas y usar fracciones, al trabajar con utensilios de cocina para medir volúmenes (cucharitas, cucharas y tazas), dominará el concepto de cantidad y tendrá una idea de "pequeño" y "grande", "menos" y "más". Cocinar también le da la oportunidad de, por ejemplo, practicar llenando 3 tazas de harina y contar cada una en voz alta mientras las vacía en un tazón.

Los niños pequeños aún no se dan cuenta de que el momento de recoger es a menudo una tarea laboriosa y aburrida para los adultos. Conseguir su ayuda para estas tareas le inculcará la importancia del trabajo de equipo, responsabilidad, seguir indicaciones, y mantener su ambiente limpio y ordenado. También les permitirá practicar esas importantes habilidades como clasificar, ordenar y encontrar pares, que han ido desarrollando.

Para el final del día, probablemente los pisos de su sala y cocina hayan sido redecorados con bloques, camiones, muñecos, sonajas, contenedores plásticos, y ollas y sartenes. Antes de empezar a preparar la cena, asegúrese de anunciar: "¡Muy bien, es hora de ordenar!" Motive a su hijo para que ponga los juguetes en las repisas de su área de juego; limpie su juego de mesa y sillitas; clasifique los bloques, pelotas e implementos artísticos en recipientes individuales; y regrese su juego de contenedores y utensilios de cocina a su sitio personal en la cocina. Permítale que lo imite mientras lo mira trabajar, dándole un balde (cubeta) con sus propios artículos de limpieza: trapos, esponjas, una botella de agua con atomizador y una escobita.

Para mantener ocupado a su niño que ya camina, mientras pone la mesa para cenar pídale que ponga su propia mesita para sus amigos imaginarios. Mientras usted limpia la mesa del comedor y retira las cosas que se han acumulado en ella durante el día, él puede quitar los juguetes de su comedor imaginario y limpiar su mesita con agua y esponja. Mientras usted saca los platos y cubiertos, pídale que ponga su mesa con platitos, cubiertos de juguete y un juego de té. Puede sentar a su muñeca y osito de peluche en sus respectivas sillas.

Diez Juguetes Esenciales para el Área de Juego del Bebé

Muchas de las mejores herramientas educativas posiblemente ya se encuentran en su casa. A continuación le presentamos una lista de los diez mejores juguetes educativos para el área de juego de su bebé, junto con información sobre cómo beneficiará cada juguete a su pequeño Einstein.

Encontrará ideas sencillas y baratas para hacer o utilizar muchos de estos juguetes en la sección "Herramientas para descubrir":

Sonajas (sonajeros): Una sonaja es probablemente el primer juguete que le presentará a su hijo. Son fáciles de agarrar con esas manos pequeñas que se cierran con fuerza ¡y también hacen ruido! Además de desarrollar y fortalecer la coordinación mano-ojo del bebé, las sonajas son maravillosas herramientas para enseñarles a los bebés cómo coordinar sonido y vista, y distinguir y asimilar los sonidos. Los bebés de un mes, a menudo voltearán en dirección de un ruido —una oportunidad perfecta para practicar juegos que empleen sus habilidades auditivas—. Ponga al bebé en su asiento de seguridad, agite la sonaja hacia su lado izquierdo o derecho, y pregúntele: "¿Dónde está el ruido?". Obsérvelo voltear su cabeza para seguirlo y vea cómo se le iluminan los ojos cuando encuentra la fuente del sonido.

Al igual que las sonajas, los cascabeles para muñecas y tobillos también son aparatos maravillosos para ayudar a los bebés a entender causa y efecto, y le enseñan al bebé que a cada acción (sacudir su mano o patear), corresponde una reacción (el divertido sonido "chaca-chaca" de su cascabel) y un sentimiento de logro.

Pelotas: Las pelotas son juguetes baratos que divertirán a niños de todas las edades.

Aprender a rodar, lanzar, dejar caer y botar la pelota mejora la coordinación, habilidades motrices y el desarrollo de los músculos. Y el simple acto de rodar una pelota hacia el bebé y luego hacia usted, le enseñará el concepto de cooperación y turnos. Deje que su bebé explore pelotas de varios tamaños, colores y texturas, como pelotas de tenis amarillas y peludas, pelotas rojas de goma, pelotas de tela, suaves y blandas, y pelotas de playa lisas y multicolores.

Los bebés que no logran sentarse por sí solos pueden fortalecer el control del cuello y el seguimiento visual mientras están de barriga, al verlo mover lentamente una pelota dentro de su campo visual. Los bebés que gatean disfrutarán persiguiendo las pelotas que arroje. ¡Una vez que puedan lanzar la pelota, asegúrese de devolverles el favor! Ver gatear a papá o a mamá detrás de las pelotas que el bebé ha arrojado lo hará reír de gozo. De hecho, su entusiasmo por el juego puede provocar una carrera a gatas para alcanzar la pelota.

Si su bebé puede pararse en su cuna, intente este juego: siéntese en el piso frente a la cuna de su bebé y arroje una pelota de tela dentro de la cuna cuando él esté dentro. Motívelo para que la recoja y se la arroje de regreso. Una vez que el bebé haya logrado esto, siéntelo en el piso con usted y muéstrele cómo lanzarla para que caiga dentro de una canasta para ropa.

Rompecabezas: Aunque su bebé no está muy preparado para armar rompecabezas de 100 piezas, seguramente disfrutará jugando con uno de madera con piezas de un objeto completo, que se inserten en sus ranuras individuales en una tabla. Estas formas grandes de madera a menudo vienen con clavijas fáciles de agarrar, ideales para ejercitar el movimiento de pinza de los dedos del bebé, agudizar la destreza manual y practicar habilidades motrices finas. Los rompecabezas estimulan la concentración, el pensamiento lógico y la habilidad para resolver problemas, enseñándole al bebé cómo funcionan juntas las partes individuales para formar un todo. Conforme gire las piezas del rompecabezas para que entren en las ranuras apropiadas, desarrollará una conciencia de las relaciones espaciales. Sobre todo, experimentará un sentimiento de logro y satisfacción al realizar una tarea por sí solo. Busque rompecabezas temáticos con imágenes reconocibles de objetos cotidianos, como vehículos, juguetes, comida, animales, flores, o figuras geométricas simples. Los rompecabezas son ideales para chicos de todas las edades. Los preescolares disfrutarán con rompecabezas más complejos que necesiten cinco o seis piezas más pequeñas para completar una imagen.

Burbujas: ¡Las burbujas son mágicas para los bebés! Los recién nacidos las seguirán con sus ojos cuando floten por todo el cuarto, refinando su habilidad para enfocar y seguir visualmente objetos, mientras que los bebés más grandes ejercitarán su coordinación mano-ojo, estirándose para reventar las burbujas con sus dedos. Los niños pequeños las perseguirán, tratando de tomarlas con las manos o aplastarlas con los pies.

Anime al bebé para que infle burbujas; esta habilidad es una destreza motriz oral que más tarde le ayudará a aprender a hablar. Inflar burbujas también es una lección importante de paciencia: soplar rápido y demasiado fuerte hará que el líquido salpique fuera de la pajilla antes de formar la burbuja, pero soplidos suaves y consistentes crearán enormes burbujas. Por la misma razón, los niños aprenderán a turnarse la pajilla para hacer burbujas y lo importante que es esperar pacientemente a que la burbuja deje la pajilla antes de reventarla (para que no se rompa en los ojos de quien la hizo).

Instrumentos musicales de juguete: Los niños parecen tener un amor innato por la música. Los cautiva emocional, creativa, física y oralmente, y estimula la actividad creativa del hemisferio derecho del cerebro. No espere más para acercar a su bebé al enriquecedor poder de la música. De hecho, tocarle un instrumento (incluso un instrumento de juguete) a un recién nacido provocará grandes sonrisas, pataletas de emoción y chillidos de gozo, mientras canta con la música. Los bebés que se sientan practicarán el equilibrio de su peso mientras se mecen con la música; los que gatean practicarán redistribuir su peso mientras se balancean hacia adelante y hacia atrás a gatas; mientras que los que ya caminan sacudirán sus brazos arriba y abajo, y moverán sus pies para bailar con usted.

Ayude a que su bebé descubra la emoción de hacer música con sus propias manos: es una gran lección de autoestima y es ideal para motivar la creatividad, aprender a llevar el ritmo y explorar los patrones rítmicos que marcarán las bases para las habilidades del lenguaje. Los silbatos, cornetas y otros instrumentos de viento ayudan a refinar el cierre de los labios, fortalecer los músculos de la lengua y mejorar el desarrollo del habla. Los xilófonos, pianos, tambores, guitarras, tamborines y otros instrumentos manuales incrementan la destreza, cultivan la coordinación e involucran las habilidades motrices finas y gruesas.

Bloques: A los niños les encanta apilar, clasificar, derrumbar, golpear y construir con bloques. Mediante el intento y error, los bebés aprenden qué tan alto pueden apilar los bloques, obteniendo una introducción temprana a los principios científicos, como el equilibrio, estabilidad, peso, gravedad y simetría. Estos simples cubos también motivan la autoestima, la creatividad y el pensamiento independiente, mientras fortalecen los músculos de las manos y dedos del bebé. Los niños pequeños pasarán horas construyendo cuidadosamente casas, pirámides, puentes, camiones, rascacielos y cohetes en miniatura. Los bloques de colores con letras del alfabeto son maravillosos para deletrear palabras simples del vocabulario, enseñarles la canción del abecedario y aprender a clasificar por colores o letras.

Clasificadores de figuras: Reconocer e igualar las figuras comunes es una importante habilidad para resolver problemas que se puede practicar con los clasificadores de figuras —juguetes que estimulan al niño, mediante el intento y error, a introducir objetos geométricos de 3 dimensiones en una caja, por sus orificios correspondientes—. Los clasificadores de figuras refinan la destreza, enseñan causa y efecto, y pueden ayudar a familiarizar al pequeño con los conceptos de "vacío" y "lleno", y "dentro" y "fuera".

Muñecos, marionetas y animales de peluche: Ninguna área de juego estaría completa sin una multitud de muñecos, marionetas y animales rellenos peludos, graciosos y acariciables. Además de ser tiernos y adorables, estos juguetes pueden enseñar a los bebés la conciencia del cuerpo, ayudándoles a actuar historias imaginarias, iniciar juegos de roles sociales, exponerlos a nuevas palabras, e introducirles habilidades sociales. Los muñecos y marionetas son herramientas maravillosas para describir emociones, identificar partes del cuerpo y enseñar verbos (como "sentar", "brincar", "bailar", "girar" y "cepillar el cabello"). Utilice animales de peluche para enseñarle los sonidos de los animales y háblele sobre el hábitat y los rasgos especiales de cada animal.

El juego imaginario también puede ayudar a los niños a desarrollar un entendimiento del comportamiento social cotidiano. Los niños normalmente copian los roles de los adultos cuando juegan a fingir o imitar las tareas que ven que sus padres realizan durante el día: alimentar al bebé, hablar por teléfono, manejar un auto, alistarse para ir a trabajar, lavar los platos y dar abrazos. Use muñecos para demostrar empatía ("La muñeca está triste. Hay que darle un abrazo para que se sienta mejor."), encontrar soluciones a los problemas ("Parece que el osito tiene frío. ¿Qué hacemos?"), y enseñar buenos modales ("¿Me podrías prestar, por favor, una tacita? ¡Gracias por compartir!").

Aros apilables y tazas insertables: Los aros y tazas de tamaños graduados son maravillosos para desarrollar la coordinación mano-ojo y aprender cómo caben los objetos más pequeños dentro o se apilan sobre los más grandes. Enséñele a su hijo cómo apilar aros de colores sobre su base, comenzando con el aro más grande, hasta llegar al más pequeño; después quítelos por tamaños y empiece de nuevo. Haga lo mismo con las tazas, insértelas por tamaños hasta terminar con la más pequeña. Estos juguetes presentan conceptos matemáticos de una manera divertida y colorida: los niños emplean habilidades de razonamiento espacial y solución de problemas para clasificar y ordenar los aros y tazas por tamaño. Los juguetes para apilar e insertar le ayudarán a introducir los conceptos de "hasta arriba" y "hasta abajo", "encima" y "debajo", "arriba" y "abajo", "el más grande" y "el más pequeño", y "pequeño", "mediano" y "grande". Asegúrese de comprar aros y tazas de plástico durable de colores. Identifique los colores conforme el bebé los apila. Por ser de plástico, son maravillosos compañeros a la hora del baño y excelentes mordederas (mordillos) para los bebés en dentición.

Vehículos de juguete: Conforme los bebés empiezan a moverse, los juguetes con ruedas adecuados para ellos pronto se vuelven sus obsesiones favoritas. Los juguetes que se deslizan alejándose del bebé lo motivan para que los siga y gatee tras ellos. Empujarlos y jalarlos ayuda a mejorar el equilibrio y la coordinación. Si su hijo encuentra un obstáculo al jalar su juguete por el piso, debe emplear sus habilidades de solución de problemas para superar y retirar el obstáculo del camino del juguete que se arrastra. Los carros, camiones, camiones de bomberos, autobuses, tractores y vagones de juguete varían en tamaño, desde pequeños modelos troquelados hasta vehículos enormes para montar, así que asegúrese de leer cuidadosamente las etiquetas del producto para seleccionar un juguete adecuado para la edad de su hijo.

Además de desarrollar las habilidades motrices finas y gruesas, los vehículos estimulan la imaginación y el juego de exploración e imitación. Sobre todo, jugar con vehículos de juguete promueve el interés en la ciencia. Los niños aprenden sobre velocidad, fuerza, distancia, dirección, mecanismos giratorios y movimiento. Realice experimentos simples con los vehículos, empujando carros de diferentes tamaños y pesos por el suelo para ver cuál llega más lejos, cuál es el más rápido, y cuál es el más lento.

Los vehículos de juguete también son perfectos para enseñar opuestos, como "empujar" y "jalar", "rápido" y "lento", "izquierda" y "derecha", "arriba" y "abajo", y "hacia atrás" y "hacia adelante". Los camiones de volteo, vagones y otros vehículos que transportan objetos son excelentes para enseñar "dentro" y "fuera", y "vacío" y "lleno". Use vehículos para enseñarles a niños más grandes los diversos oficios: bomberos, policías, conductores de ambulancia, mensajeros y albañiles.

Capítulo 2

Herramientas
para Descubrir

A diferencia de la diversión de adultos, jugar en el mundo del bebé sólo sirve para una cosa: descubrir nuevas habilidades. Día a día, los niños confían más en sus habilidades conforme conocen mejor el mundo. Los olores dulces de un jardín, el refrescante sabor de un copo de nieve, la ropa caliente recién salida de la secadora, el trinar de las aves afuera de la ventana, o el ardiente sol poniéndose al atardecer, son mágicas experiencias de aprendizaje para un niño. Con actividades sencillas y divertidas que motivan el desarrollo del lenguaje y exaltan el arte y la ciencia, este capítulo combina prácticas expertas de enseñanza con consejos comprobados de padres para convertir las actividades diarias en enriquecedoras experiencias de aprendizaje.

Nace una estrella

Refuerce las palabras que emplea diariamente con un libro especial de ilustraciones donde el bebé sea el protagonista. Tómele fotos realizando su rutina diaria: comiendo solo en su silla alta, jugando con aros apilables, bañándose, durmiendo en su cuna, y divirtiéndose con amigos o mascotas. Ponga las fotos en un álbum rígido de recortes y escriba letreros para crear una historia que siga al bebé durante todo el día. Para hacer un libro que seguramente se convertirá en su cuento preferido para dormir, guarde una foto del bebé durmiendo en su cuna para la última página del libro. Póngale un letrero que le dé un final feliz a la noche: "Es hora de que la preciosa Anita cierre sus ojos y vaya a dormir. Buenas noches, Anita."

En la siguiente sesión de juego, tome fotos del bebé y sus amigos disfrutando de diversas actividades: arrojando pelotas, sacudiendo sonajas, soplando burbujas, apilando bloques y tocando instrumentos. Coloque las fotos en un álbum de fotos al que llame: "Mis amigos". Miren juntos el álbum, señalando a los amigos del bebé, diciendo sus nombres y explicando lo que están haciendo: "Ella es Amelia. Está jugando con una pelota azul." Agregue fotos al álbum cada determinado tiempo para captar a su hijo jugando juegos más avanzados y realizando nuevas actividades que no podía emprender unos meses atrás. Además de ser un estupendo libro de cuentos que enriquecerá su vocabulario, el álbum de fotos de los amigos del bebé se convertirá en un maravilloso recuerdo que documente los primeros años de su hijo.

Haga un juego de memoria con fotos de su hijo pequeño, sus amigos y sus mascotas. Saque dos copias a color de cada foto que tenga. Corte las copias al tamaño de unos naipes viejos y pegue las imágenes en los naipes. Para jugar, ponga todas las cartas hacia abajo sobre una mesa y pídale a su hijo que voltee dos cartas a la vez. Si no descubre dos imágenes iguales, debe volver a voltear las cartas hacia abajo y seguir volteando dos cartas a la vez, hasta tener un par. Este juego agudiza las habilidades de memoria y mejora el concepto de pares y objetos iguales.

A los niños pequeños les gusta vestirse con disfraces y accesorios exuberantes como pañuelos, boas de plumas, bufandas, pelucas, sombreros, coronas, varitas mágicas, máscaras y joyería de fantasía. Busque disfraces de Halloween baratos y ropa divertida para disfrazarse en tiendas de descuento y de cosas usadas, y tome fotos de su hijo ataviado con disfraces seleccionados por él mismo. Siéntense a conversar sobre cada uno de los personajes imaginarios que inventó, y motívelo para que cree una historia para cada foto o bien, un cuento que incluya a todos los personajes. Tome notas para que pueda transcribir su historia a un álbum de recortes que contenga las fotos de sus personajes. ¡A su pequeño le encantará sacar el libro de cuentos que contiene una emocionante aventura extraída directamente de su imaginación!

Si tiene una cámara digital y computadora con impresora a color, usted puede crear sus propios diccionarios de imágenes de palabras comunes. Aunque para hacer estos libros no necesita una cámara digital —pues simplemente presentan fotografías de objetos domésticos ordinarios—, con ella se evitará gastar dinero en varios rollos de película y se ahorrará el costo del revelado. Comience por tomar fotos de acercamientos de objetos de un tema en particular: frutas y vegetales; juguetes (sonajas, bloques, muñecos, ositos de peluche y patitos de goma); ropa del bebé (camisas, pantalones, baberos, vestidos y mitones); o muebles del hogar (mesas, sillas, sofás, tocadores y camas). Baje sus imágenes digitales a la computadora, coloque unas cuantas fotos en cada página de su documento, y escriba el nombre de los objetos de cada foto. Imprima las páginas y móntelas en un álbum de recortes de hojas duras y fáciles de pasar. Haga varios libros de fotos, cada uno con un tema diferente, para que su hijo refuerce los nombres de los objetos cotidianos.

Todo sobre mí

Para hacer un maravilloso recuerdo que su hijo disfrute mirar una y otra vez, tome fotos de su bebé cada vez que cumpla un mes más. Utilice la computadora para crear un letrero personalizado de "cumplemés" con el que pueda posar su bebé (por ejemplo: "¡Hoy cumplo cuatro meses!"). Incluya la fecha, estatura y peso de su hijo en el letrero. Está es una manera de reciclar uno de los tantos calendarios que recibe gratis de las tiendas locales y otros comercios: cubra las páginas del calendario que

tengan fotos con papel de contacto de colores, fije la foto de su bebé a la página con papel de contacto que corresponda a dicho mes, y decórela con marcadores, calcomanías y plumas de tinta brillante. Lleve un registro de los primeros eventos del bebé, escribiéndolos en el calendario cuando sucedan: su primer diente, la primera vez que gateó, sus primeras palabras, el primer viaje al zoológico, etcétera.

Este es un excelente proyecto para trabajar con un hermano mayor que se esté ajustando a vivir con un bebé nuevo en casa. Permita que su hijo mayor le dé ideas para decorar el calendario y asígnele la tarea especial de seguir y registrar los primeros eventos del bebé. Además de enseñarle sobre los periodos de tiempo (días, semanas y meses) y las etapas del desarrollo infantil, le brindará momentos maravillosos con ese hermanito mayor en los que podrá contarle historias divertidas y conmovedoras sobre sus primeros eventos.

A los bebés les gusta mirarse en los espejos. Aunque durante algún tiempo no podrá entender por qué el bebé del espejo parece moverse cada vez que él lo hace, su reflejo seguramente provocará muchas risitas y enormes sonrisas. Señale e identifique las partes de su cara en el espejo, pídale que haga una trompetilla o le saque la lengua al bebé del espejo, o que le diga "Hola" con la mano. Retírelo del campo visual del espejo y pregúntele: "¿Dónde está el bebé?" Después póngalo frente al espejo y diga: "¡Aquí está el bebé!" Para mayor diversión, póngale sombreros o hable con marionetas y muñecos frente al espejo.

Grabe en un casete los murmullos, balbuceos y primeras palabras de su bebé, y después reprodúzcalo para ver su respuesta. Algunos bebés se animan y ríen cuando escuchan su voz grabada, mientras que otros se fascinan en silencio. Siga grabando periódicamente sus balbuceos anunciando la fecha y edad del bebé antes de cada sesión.

¡A los niños pequeños les encanta escuchar sus voces grabadas y se sienten más que felices de brindarle material musical y de comedia para sus sesiones de grabación! Pídale a su hijo que cante una de sus canciones favoritas, recite unos versos infantiles, o simplemente cuente sus aventuras del día. Adorará escuchar el producto terminado y probablemente cante y converse junto con su voz grabada. Puede hacer de sus sesiones de grabación un ritual semanal, añadiendo cada entrega al mismo casete. Póngales fecha a sus cintas y pegue una copia a color de una foto reciente en la cubierta de cada casete. Las cintas con la voz de su hijo son recuerdos familiares muy preciados.

Trace el contorno del cuerpo completo de su pequeño sobre una pieza grande de cartón. Ayúdelo a colorear su cabello, rasgos faciales y ropa con crayones y marcadores. Conforme agregue detalles a su retrato, conversen sobre el color y la textura de su cabello y piel, la forma de su nariz, la forma y el color de sus ojos, y cualquier marca de nacimiento o pecas que tenga. Acerque un espejo para usarlo como referencia visual. Una vez que la pintura esté terminada, utilícela para preguntarle los nombres de las partes del cuerpo, hablen sobre sus costados izquierdo y derecho, y localicen "pares en el cuerpo", como ojos, orejas, brazos y piernas.

⭐ Utilice una cámara digital para tomar fotos de cerca de la cara, brazos, manos, piernas, pies y pancita de su hijo para una lección sobre las partes del cuerpo. Con la ayuda de su computadora, usted puede agrandar y aislar partes específicas del cuerpo de su hijo. Por ejemplo, puede agrandar digitalmente la cara del bebé, quitar la nariz, oreja, ojo, o boca de la imagen seleccionada y pegarlos en un documento de la computadora. Añada letreros a todas sus fotos de acercamientos para crear un libro de Todo sobre mi cuerpo. Señale en el libro características específicas del cuerpo, dígale al bebé sus nombres, y después señale estos mismos rasgos en usted. Tal vez desee usar un espejo para animarlo a localizar sus propias partes del cuerpo.

⭐ Enséñele a su hijo verbos y adjetivos comunes que le ayudarán a expresarse. Recorte fotos de revistas de niños jugando, corriendo, comiendo y realizando muchas otras actividades. Asegúrese de incluir acercamientos de diferentes expresiones faciales. Pegue los recortes en un álbum e invente una historia con diversos verbos para las acciones y palabras y frases para describir emociones.

⭐ Haga una gráfica de crecimiento para iniciar a su hijo en el aprendizaje de las medidas en metros y centímetros. Este proyecto a largo plazo también les enseña a los futuros científicos cómo seguir un progreso y registrar resultados. Ya que una gráfica de crecimiento necesita un sitio permanente, quizás lo piense dos veces antes de colocarla en la habitación de su hijo: en algunos años, ¡se quejará de que haya una gráfica de su niñez en su cuarto de adolescente! Considere colocarla en algún sitio de poco uso donde no entren los invitados, como el cuarto de herramientas, la lavandería, el sótano, o el cuarto de juegos.

Una vez que haya encontrado el sitio adecuado, pegue un metro de madera a la pared, asegúrese de que su parte más baja toque el piso y que el metro suba recto por la pared. Utilice una pluma de tinta permanente para marcar la estatura del bebé, escribiendo la fecha y su edad junto a la marca. Los niños crecen más rápido durante el primer año, así que registre la estatura del bebé cada mes. Como no le será posible pararse durante los primeros ocho a doce meses, utilice una cinta métrica para medir su estatura acostado y transfiera la medida a su gráfica de crecimiento.

Noviembre
Mayo
Enero

Cuando ya sea un niño pequeño, tal vez prefiera registrar su estatura cada tres meses. A los preescolares y niños mayores mídalos una vez al año. (Asegúrese de añadir otra vara de un metro una vez que rebase la marca de los 100 cm.) Para tener un registro visual de su crecimiento, puede tomarle fotos instantáneas a su hijo junto a su gráfica, y después pegue las fotos junto a la marca correspondiente de la gráfica de crecimiento.

Juegos de "Manos"

Ya sea que sacudan las manos, aplaudan o chasqueen los dedos, sus manos y dedos son una infinita fuente de diversión para los bebés, y jugar con ellos es una actividad que probablemente ocupará muchas de sus horas despiertos. Aproveche este interés ayudando a su hijo a descubrir todas las cosas sorprendentes que puede hacer y aprender con sus manos.

Cante canciones para ayudar al bebé a descubrir los nombres de estas importantes partes del cuerpo. Esta puede serle de utilidad:

> *"Si te sientes muy contento, aplaude así.*
> *Si te sientes muy contento, aplaude así.*
> *Si te sientes muy contento,*
> *Y estás lleno de alegría,*
> *Si te sientes muy contento, aplaude así".*

Despierte la curiosidad del bebé metiendo una pelota o juguete favorito dentro de un calcetín largo o bajo su camisa. Su pequeño intentará decididamente descubrir el objeto escondido, concentrando todos sus esfuerzos en sacarlo agitándolo. Esta es una buena manera de que el bebé aprenda sobre la permanencia de los objetos: siguen existiendo aunque no estén a la vista.

Permita que su hijo cree sus propias obras de arte y al mismo tiempo afine su coordinación mano-ojo. Pintar con agua las superficies planas exteriores mantendrá ocupado a su hijo por horas (¡y el factor "sin ensuciar" significa que usted no tendrá que limpiar cuando él haya terminado!). Dele a su pequeño pinceles de varios tamaños y un tazón con agua. La apariencia obscura del agua pintada en la acera de concreto, la entrada pavimentada para el auto, o las superficies de madera, le parecerán mágicas.

Fabrique en casa marionetas para los dedos con su niño pequeño. Decore los dedos de un guante viejo blanco o beige con caras graciosas, usando plumones (marcadores). Haga sombreros, corbatas de moño y orejas de animales con retazos de tela y fieltro. Para hacer marionetas rápidas y sencillas, simplemente pegue calcomanías de personajes en cada dedo del guante.

Esta es una forma divertida para que su hijo se convierta en una marioneta de su propio espectáculo. Para hacerle una máscara, sostenga un plato de papel sobre la cara de su hijo para darse una idea aproximada de dónde cortar orificios para los ojos y boca. Cuando los haya trazado, recorte el área de los ojos y la boca. Ayúdele a decorar las caras de platos de papel para que se parezcan a los personajes de su libro favorito de cuentos o rimas infantiles. Añada rasgos faciales con marcadores de colores, y péguele una peluca, tiras de tela o pasta seca como cabello. Fije las caras de platos de papel a reglas de plástico. Su hijo y sus amigos podrán maniobrar las reglas para que los platos de papel cubran sus caras mientras hacen la representación del cuento.

Las marionetas de calcetines siempre son las favoritas de los niños pequeños. Si no logra encontrar más que calcetines blancos en casa, busque calcetines con diseños y colores brillantes en tiendas de descuento. Los calcetines verdes son perfectos para crear marionetas de dragones, sapos y serpientes. Utilice calcetines rosas para los cerditos, amarillos para los patos, y cafés para monos, osos o perros. Busque calcetines con estampados de piel de animal para crear cebras, jirafas, tigres y leopardos para el próximo safari de su niño pequeño. Cuando se haya surtido —¡o llenado de calcetines!— de los básicos, comience con los accesorios: pégueles tela o lana para el pelo, botones para las narices, y fieltro para los ojos, orejas, lenguas y corbatas de moño.

Hasta los tubos de cartón del papel higiénico pueden convertirse en divertidas marionetas para los dedos. A su gente de tubo péguele ojos con movimiento, pelo de lana y accesorios de fieltro. Coloque los tubos terminados sobre los dedos medio e índice de su niño, que se moverán juntos para manipular la marioneta. Sus dedos pulgar y anular pueden funcionar como los brazos de la marioneta.

⭐ Haga un cartelón grande de texturas para ayudar a los bebés a desarrollar el sentido del tacto y practicar habilidades motrices finas, y para ayudar a fortalecer la adquisición de vocabulario, conforme relacionan su sentido del tacto con la vista y el lenguaje. Recolecte pedazos de alfombra, esponjas blandas, celofán arrugado, papel aluminio brillante, trozos de piel sintética, pañoletas de satín, tela resbalosa de impermeable y lijas ásperas (desgastadas para evitar que el niño se lastime los dedos). Adhiera firmemente estos objetos a una pieza grande de cartón y deje que su hijo explore las diferentes texturas con sus dedos. Para darle una idea a su pequeño de cómo se relacionan estas texturas con los objetos del mundo real, haga ilustraciones sencillas que incorporen las texturas. Por ejemplo, utilice papel aluminio para hacer un espejo de baño, pegue la piel sintética sobre el dibujo de un perro, o pinte un océano y use la lija como la arena de la playa. Pregúntele a su hijo cómo sería mejor exponer todas las texturas, y tal vez se le ocurra una maravillosa historia que incluya todas estas imágenes tridimensionales.

Aventuras Animales

Enséñele nombres y sonidos de animales utilizando galletas de animalitos y la canción "El viejo MacDonald tenía una granja". Siente al bebé en su silla alta y distribuya varias galletas de animalitos. Al cantar sobre cada animal, tome la galleta correspondiente y hágala bailar sobre su bandeja para comer. Al poco tiempo, su hijo tomará la galleta correspondiente en cuanto lo escuche cantar el nombre del animal.

Cree un libro de cuentos con su niño pequeño utilizando fotos de sus mascotas. Si no tiene mascotas, pídales a sus primitos que le envíen fotos de sus amigos peludos a su pequeño. A los niños les encanta escribir sobre los animales, así que invítelos a que le manden también una carta especial detallando cómo alimentan y cuidan a sus mascotas. Ayude a su hijo a hacer una carta para sus primos, agradeciéndoles las historias de sus mascotas y preguntándoles otras cosas sobre sus animales. Para los primos que viven lejos, esta es una maravillosa manera de iniciar un intercambio de cartas que podría durar muchos años.

No necesita gastar mucho dinero ni viajar demasiado lejos de casa para vivir una aventura animal que deleite a sus hijos. Hasta un simple día de campo a un lago

o bosque cercano puede darles la oportunidad de ver y oír a los patos, sapos, peces, ardillas, venados y muchos insectos interesantes. Repase los animales locales con el libro *Animales a tu alrededor* de Baby Einstein y vea cuántos puede encontrar en su viaje al campo. Para hacerlo sentir como si fuera una verdadera aventura, lleve consigo binoculares, una lupa, un libro de la biblioteca sobre la vida salvaje de la región, y un cuadernito para registrar hallazgos importantes e ilustraciones sobre los animales.

Llene de agua y objetos una alberquita (piscinita) inflable para crearle un estanque propio en el patio trasero. Agregue habitantes del estanque, como patitos de hule, peces de plástico, tortugas y libélulas. Con esponjas verdes cree lirios flotantes para algunos sapos de plástico. Anime a su hijo a hacer "cua-cua", "croac-croac" y "gluc, gluc" mientras disfruta el agua con sus amigos del estanque. No lo deje solo ni un instante.

Disfrute de un safari en su propia casa, usando animales de peluche y marionetas de monos, cebras, leones, tigres y otros animales exóticos. Al bebé le encantará escucharlo imitar los sonidos de los animales durante un espectáculo para él, y luego él querrá presentarle un espectáculo a usted. Enséñele a su hijo imágenes reales de estas criaturas en sus hábitats naturales, incorporando las tarjetas de animales de Baby Einstein a su juego. Para añadir otra dimensión a su aventura en safari, busque discos compactos o casetes de sonidos de la selva en la sección de audio de su biblioteca local.

⭐ Averigüe si existen granjas abiertas al público en su zona. Además de escuchar los "oinc", "muu" y "brrr" de los animales de la granja en persona, sus niños incluso pueden tener la oportunidad de ver cómo ordeñan a las vacas o acicalan a los caballos, a las gallinas poniendo huevos y a los cerdos alimentando sus cerditos.

La educación con la naturaleza

🦴 Al bebé le encantará explorar todas las texturas, colores y aromas que su jardín ofrece. Descubra los revitalizadores aromas y emocionantes texturas de piñas y agujas de pino. Hágale cosquillas con el pasto o deje que experimente la emoción de gatear sobre el césped frío y respirar su fresco aroma. Señale las ardillas, cuervos y pájaros, e imite sus sonidos. Tómese unos momentos para disfrutar todo lo que su propiedad tiene para ofrecerle; redescúbralo a través de los ojos de su bebé y piense en todas las lecciones de ciencias que le puede brindar sobre los animales, plantas y clima de la región en los meses venideros.

🦴 Descubra los ruidos chistosos que usted puede hacer con objetos de la naturaleza. Muerda una manzana o salte sobre un montón de hojas para que su bebé escuche el "crash". Haga "chirriar" una hoja de pasto húmedo o que las piedritas hagan "pluc" al caer a un arroyo. Escuche el "zuuum" del viento y a la lluvia hacer "plis-plas". Dé un paseo por el jardín o por su vecindario para descubrir los sonidos únicos que harán reír a su bebé.

Esta es una novedosa idea para vivir la aventura de un día lluvioso: ¡salga! Tomen sus paraguas y pónganse botas de hule para salir durante una lluvia ligera y vivir una singular experiencia multisensorial. Haga que su hijo sienta el agua en sus manos y cara, y atrape gotas de lluvia con la boca. Escuchen el suave golpeteo de la lluvia sobre los paraguas; hagan girar los paraguas y escuchen los diferentes efectos de la lluvia a distintas velocidades. Si no le importa ensuciarse, salten en los charcos y comenten los sonidos que hacen. Busquen las típicas criaturas que salen con la lluvia, como gusanos, babosas y sapos. Caliéntense pasando el resto de su día lluvioso en una biblioteca para conocer más acerca de estos nuevos amigos.

Los niños son recolectores natos y —*naturalmente*— ¡les encanta coleccionar objetos de la naturaleza! Sáquelos a vivir una aventura, ya sea a un sitio popular para hacer caminatas, a una simple área boscosa de su ciudad, o incluso a su jardín. Lleven consigo una canasta para recolectar flores raras, hojas bonitas, y nueces y semillas interesantes. Cuando lleguen a casa, utilicen una prensa para plantas o flores para

 preservar la colección. Busquen algunas guías del campo en su biblioteca local. A los niños mayores les encantará jugar al detective, siguiendo las pistas de los "sospechosos no identificados" de su colección. Cuando los hayan identificado, pueden pegar sus objetos prensados en un álbum de recortes del paseo, o sobre una cartulina para colgar un adorno muy especial en la pared de su cuarto.

Pídales a amigos y familiares de todo el país que le envíen postales de paisajes representativos de sus ciudades, con mensajes de cómo son el clima y los alrededores, y sobre las plantas, animales e insectos que habitan sus bosques. Ponga las postales en un álbum de fotos con fundas transparentes que le permitan ver la parte frontal y posterior de las tarjetas cuando dé vuelta a las páginas de su libro de cuentos sobre los sitios de todo el país.

Visitar viveros y jardines botánicos locales es una maravillosa forma de enseñarle a su hijo las apariencias, olores y texturas de flores, hierbas y arbustos. Invente un juego buscándoles formas a las plantas (como las lilas en forma de corazón, las higuerillas en forma de estrella y las hojas ovaladas del laurel) o pídales que encuentren plantas con los colores del arco iris (como las rosas rojas, aves del paraíso anaranjadas, narcisos amarillos, hojas verdes, hortensias azules, iris morados y geranios rosas).

Las Figuras

Mantenga ocupado al bebé mientras le cambia el pañal colgando un móvil con moldecitos de plástico para galletas sobre su cambiador. Si el cambiador está cerca de una ventana, simplemente cuelgue un gancho de plástico del cortinero con una cadena de plástico. Con otros eslabones, cuelgue moldecitos para galletas de la base del gancho. Cuando el bebé comience a inquietarse, distráigalo señalando las figuras de estrella, círculo, corazón y triángulo que bailan sobre su cabeza.

Enséñele al bebé las figuras cotidianas, empleando objetos domésticos comunes. Coleccione pelotas redondas, mantelitos individuales ovalados, libros cuadrados, ganchos de plástico triangulares, cajas vacías de pañuelos faciales rectangulares, y tapas en forma de corazón de las cajas de chocolates. Guarde estos objetos en una caja de plástico, hablando sobre la forma de cada uno, y pídale a su hijo que saque la figura que usted le diga. Llévelo de cuarto en cuarto, señalándole todas las formas que lo rodean.

Es fácil que los niños se inquieten cuando se sientan a comer, ¡así que disminuya al mínimo su fastidio sirviéndole una comida de figuras! Justo antes de la comida, pídale a su hijo que le ayude a encontrar toda una variedad de figuras comestibles en su cocina, como huevos duros ovalados, rebanadas redondas de tomate, nachos triangulares de tortilla, plátanos en forma de media luna, rebanadas cuadradas de queso y galletas rectangulares de trigo. Su hijo disfrutará el sentido de independencia que le da escoger su propio menú (¡y probablemente se quedará sentado a la mesa hasta acabar de comer!). Cuando se le terminen las ideas de las figuras comestibles ya existentes, invente sus propias creaciones de figuras con moldecitos para galletas: haga sándwiches circulares, rebanadas de jamón en forma de corazón, y rebanadas de manzana en forma de estrella.

⭐ Para hacer un clasificador de figuras, utilice una caja de zapatos y cortadores de galletas. Coloque unos cortadores de galletas sobre la caja y dibuje con un lápiz su contorno; recorte las figuras con una navaja y luego vuelva a colocar la tapa sobre la caja. Su hijo pasará horas insertando los cortadores de plástico en los orificios, quitando la tapa para desparramar los cortadores y luego volviendo a poner la tapa para comenzar el juego de nuevo.

Exploración de las Matemáticas y las Ciencias

🦴 Jugar con juguetes giratorios mejora la coordinación, ayuda al desarrollo motriz sensorial, y crea el escenario para la exploración científica... ¡así que a girar! Haga su propia superficie giratoria con un cartón grande, la tapa de plástico de una lata grande de café y un palillo chino. Marque el contorno de la tapa sobre el cartón y corte un círculo. Pinte una espiral u otro diseño caprichoso en él. También puede decorarlo con caritas de bebés recortadas de revistas o hasta recortes de copias a color de la cara de su bebé. Utilice un clavo para hacer un orificio en el cartón y la tapa. Inserte un palillo chino con extremos redondeados por ambos agujeros, y usted está listo para empezar a girar. Observe la reacción de su bebé con la superficie giratoria ante él: su mirada se fijará en el hipnotizador color en movimiento.

 Los rompecabezas son excelentes herramientas para demostrar cómo se pueden unir partes pequeñas para crear un todo. Saque una copia a color de su hijo o su mascota preferida, amplificada para que quede al tamaño de un plato de papel estándar. Con un lápiz, marque el contorno del plato sobre la imagen fotocopiada, centrando la imagen como lo desee: después, corte la imagen y péguela sobre el plato. Corte el plato de papel en cuatro o cinco piezas. Revuelva las piezas y enséñele al bebé cómo juntarlas para formar una fotografía completa.

Busque manteles individuales con diseños caprichosos para niños en tiendas de descuento o ventas de garage y córtelos en varias piezas grandes. Serán excelentes juguetes para mantener ocupados a los niños mientras esperan en el consultorio del doctor, y se pueden transportar fácilmente en bolsas de plástico resellables. Cuando sus niños ya dominen el armado de los rompecabezas de manteles individuales, revuelva las piezas de dos o tres rompecabezas distintos en la misma bolsa; ellos disfrutarán el reto de clasificar y unir las piezas mezcladas.

Enséñele al bebé los opuestos mostrándole cómo funcionan las cosas en la casa: la luz se prende y se apaga, las puertas los dejan entrar y salir de la casa, los cajones del tocador se abren y cierran, el agua de la llave puede ser fría o caliente, los vasos para beber pueden estar vacíos o llenos, y los cierres de las chamarras (chaquetas) pueden estar arriba o abajo, mientras que los cierres de las maletas se mueven de izquierda a derecha.

Llene de agua un cartón vacío de leche y deje caer ahí algunos de sus juguetes favoritos de plástico. Congele y después retire el cartón, pelándolo para dejar ver el bloque congelado de juguetes. Permita que su hijo vea y toque el bloque frío y comenten cómo se siente y qué ve. Coloque el bloque en el fregadero para ver cómo se derrite el hielo en agua caliente y sus juguetes se desprenden mágicamente. Este ejercicio científico le enseñará los estados líquido, sólido y gaseoso del agua.

A los futuros arquitectos les gustará construir fuertes y casitas de juguete con cajas grandes de cartón... un buen ejercicio para las relaciones espaciales. Llame a las tiendas de aparatos electrónicos, de electrodomésticos o de artículos para el hogar para ver si tienen alguna caja grande de cartón que pudieran proporcionarle. Con un

cuchillo corte la puerta principal del tamaño de su niño pequeño y agréguele unas cuantas ventanas. Siéntese con su hijo para hablar sobre sus planes de construcción. ¿Dónde quiere poner la casa? ¿Es para jugar adentro o afuera? ¿Cómo le gustaría que se viera su casa de cartón por fuera? ¿Qué le gustaría poner dentro de la casa? A su niño pequeño le gustará dar sus opiniones y puntos de vista y ganará confianza en su habilidad para tomar decisiones. Tal vez usted le pueda sugerir diferentes formas de cubrir o decorar el exterior de la caja (con papel de color, papel para envolver, sus calcomanías preferidas, o tarjetas intercambiables), así como dar ideas divertidas para decorar el interior (toallas para las cortinas, cojines, un radio de transistores, una mesa pequeña, una lámpara de mano de baterías, y estrellas que brillen en la noche para las paredes).

⭐ Incorpore un poco de magia en su cocina con una sencilla solución para hacer burbujas. Mezcle media taza de agua con una cucharada de jabón líquido para vajilla (no utilice detergente para ropa ni para lavadora de platos: son tóxicos). Para hacer las pajillas que forman las burbujas y obtener resultados diferentes, experimente con embudos, cucharas con orificios y machacadores de papas.

Llene de Color sus Mundos

Muchas perinolas de los juegos de mesa para niños tienen colores o números brillantes en sus caras. Aunque un bebé es muy pequeño para disfrutar de un juego de mesa, ¡una perinola que le ayuda a aprender los nombres de los colores y números puede ir justo a su velocidad! Para jugar con las "tarjetas de la perinola", simplemente hágala girar y mencione el nombre o color en el que se detuvo la perinola.

Motive a su hijo para que invente sus propias rimas y canciones sobre los colores y sonidos. Con "sonajas de frascos" refuerce los nombres de los colores. Consiga todos los frascos necesarios para representar cada uno de los colores que vienen en un paquete de papel de construcción u origami. Seleccione un color diferente para cada frasco, enrolle una pieza de papel de la altura del frasco y colóquela dentro para que cubra los costados de vidrio. En cada frasco meta diversos objetos ruidosos como cascabeles, campanas, o llaves. Después, toque música de colores con su arco iris de frascos ruidosos: "Toma el frasco grande rojo y agítalo bien, que suene un poco".

Consiga un montón de pañoletas de gasa o retazos de tela ligera de colores lisos que floten al arrojarlas al aire. Cuando las aviente al aire para que caigan flotando sobre el bebé, diga el color de la tela: "¡Viva! Ahí va volando una pañoleta AZUL. Va a caer arriba de Miguel. ¡Puedes atraparla si lo intentas!". Juegue a esconderlo bajo cada pañoleta para reforzar los nombres de los colores: "¿Dónde está Julia? ¿Se está escondiendo bajo la pañoleta ROJA? ¡Te encontré!".

Este es un gran juego para cuando esté lloviendo y no pueda salir: escoja un crayón y haga garabatos de colores en la página de un cuadernillo. Envíe a su hijo a una misión de búsqueda de colores, pídale que encuentre dentro de la casa todos los objetos que pueda que sean del color de lo que dibujó en la página del cuaderno.

Sirva comidas de un solo color para hacerlas emocionantes y aprender los colores, bocado tras bocado. Intente un desayuno amarillo con huevos revueltos, jugo de manzana, plátanos y queso derretido en una rebanada de pan de papa. Disfrute de un almuerzo rojo de espagueti con salsa de tomate, betabel, jugo de arándano, y fresas y frambuesas rebanadas. Para la comida principal, el color café puede ser emocionante: pastel de carne, papa al horno, salsa, champiñones salteados, peras, leche con chocolate y, de postre, galletas de jengibre.

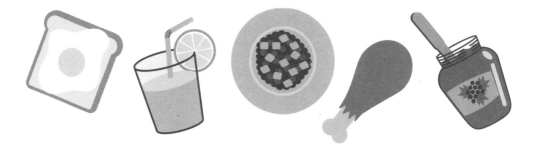

Música para sus Oídos

Usted puede hacer sonajas en casa utilizando contenedores de yogurt, botellas de plástico de agua o jugo y pequeños moldes de plástico para la cocina. Llene los contenedores con objetos de la casa que suenen y hagan ruido: arroz, caracoles, frijoles crudos, granos de maíz, globulitos de azúcar o carretes de madera. Asegúrese de que las tapas de los contenedores queden bien cerradas para la seguridad del bebé, entonces agite las sonajas con esta canción:

> *"¡Sacúdela, agítala! Qué divertido sonido.*
> *¡Me gusta mi sonaja que hace mucho ruido!"*

Anime a su bebé para que agite él solo la sonaja.

Haga una sonaja a la que también sea divertido abrazar. Quítele el relleno a un animalito de juguete pequeño. Sustituya el relleno con llaves, después cosa el juguete para cerrarlo. Para sonajas crujientes, rellene los juguetes de papel celofán.

Al bebé le encantará descubrir los diferentes efectos que puede crear experimentando con toda una variedad de palillos de tambor. Ayúdelo a crear su propio ritmo con espátulas de plástico, cucharas para medir, palitas de plástico o mazos de un xilófono de juguete. Para el bebé que aún no ha pasado a los alimentos sólidos, esta es una maravillosa forma de facilitar su transición a la silla alta: siéntelo en su silla alta todos los días con sus palillos y déjelo llevar el ritmo de una melodía en su bandeja para comida.

Trate de intrigar a sus niños con el juego de "Adivina el sonido". Forre un frasco con papel de construcción y pídales que cierren los ojos mientras usted coloca un objeto misterioso adentro. Agite el frasco para que adivinen qué es lo que está dentro de su frasco. Si se confunden, deles pistas para ayudarles a resolver el misterio: "Esto es algo que utilizan para comer cereal. Tiene un mango largo." Agite un juego de llaves, cucharas metálicas para medir, arroz crudo, carretes largos de madera y otros objetos domésticos que encuentre "haciendo ruido" en su despensa o cajones de cosas sueltas. Asegúrese de no utilizar objetos que puedan causarles asfixia si los tragan.

A los niños pequeños les encanta hacer música con su propio juego de sonajas hecho en casa con un recipiente de papas fritas. Llene el recipiente hasta la mitad con arroz y frijoles crudos; vuelva a colocar la tapa de plástico y asegúrela con cinta adhesiva. Forre el bote con papel de construcción y deje que su hijo decore el exterior con marcadores y crayones.

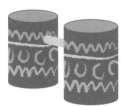

⭐ Convierta las cajas vacías y cilíndricas de avena o latas de café vacías en un juego de tambores de bongó. Pegue con silicón un carrete largo de madera entre dos de las cajas para crear su juego de bongó. Decórelos con marcadores y crayones.

🥣 Los instrumentos de viento le ayudarán a su hijo a aprender a maniobrar sus labios y lengua al tomar aire para después soplar. Esta es una buena práctica para el desarrollo del habla. Cubra uno de los extremos de un tubo de cartón de papel higiénico con papel encerado; pegue el papel con silicón. Tomen su turno para hacer un sonido de chicharra "du-du-du" por el extremo abierto. Digan con la chicharra sus palabras favoritas, hagan sonidos de animales y canten canciones simpáticas. A su hijo le encantará sentir que las palabras le hacen cosquillas en la boca cuando el sonido reverbera en el tubo. También disfrutará tocando su corneta a través de un embudo de plástico para la cocina o hasta dentro de un vaso de plástico desechable. Los sonidos amplificados que cree lo divertirán infinitamente.

⭐ Descubra el conjunto de tambores caseros escondidos en los gabinetes de su cocina. Para jugar a las percusiones, marche con ollas, sartenes, cajas vacías de cereal, tazas medidoras metálicas, tazones de plástico para mezclar, bandejas para galletas y jarras de plástico. Los envases vacíos de fórmula son instrumentos de percusión perfectos, ya que brindan una superficie sólida de plástico para el tambor, así como un fondo de metal para un sonido de tambor metálico. Canten esta canción mientras tocan juntos:

"La banda de Juan marcha, ra-ta-ta-tán.
y toca los tambores con las palmas de sus manos.
Juan está muy contento, ra-ta-ta-tán,
¡y con los deditos y los pulgares va tocando!"

Diversión según la estación

Haga copos de nieve de papel empleando papel metálico de colores y plumas (lapiceras) de tinta brillante. Péguelos en las ventanillas del auto, fuera del alcance del bebé, para que se entretenga mientras está sentado en su silla de auto. O cuélguelos de un gancho de plástico para crear un encantador móvil invernal que pueda observar en su cuarto. Asegúrese de que el móvil quede fuera del alcance del bebé. Actualice el móvil en cada estación: flores para la primavera, soles sonrientes para el verano y hojas de colores para el otoño.

A los niños los cautiva la textura, el sabor y la apariencia de la nieve, y toda la magia que el invierno ofrece. Si usted no vive en un clima con inviernos fríos, produzca su propia "nieve" en la bañera con hielo molido... es una maravillosa forma de que el bebé aprenda la palabra "frío", y una oportunidad para que explore una nueva textura fangosa.

Agregue varias gotas de colorante vegetal a una botella de agua con atomizador y pinte la nieve del exterior con estrellas, caritas felices, números, letras, triángulos y otros diseños divertidos.

En el otoño, salga a recoger hojitas con su niño pequeño. Recolecte una gran variedad de brillantes hojas rojas, anaranjadas y amarillas de diferentes formas y tamaños. Acomode la colección de su hijo entre dos hojas de papel encerado. Coloque una toalla para platos sobre el papel encerado y, a temperatura media, planche la toalla para preservar las hojas. Después de identificar las hojas y aprender un poco sobre los árboles a los que pertenecen, decore su ventana con las hojas preservadas de temporada o póngalas en marcos para regalarlas o decorar la habitación de su hijo.

En lugar de comprar una enorme calabaza de Halloween para que su hijo la decore, compre varias calabacitas y dele una expresión diferente a cada una. Conversen sobre todas las caras que desea crear, como una feliz, otra de espanto, graciosa, triste o asustada. Dibuje sus ideas en un papel, considerando la forma de la calabacita (redonda, en forma de reloj de arena, cuadrada u ovalada) y cómo lograr el efecto que desea crear. Como ahuecarla es un trabajo que ensucia mucho y no permite que participen las manos de los niños, en vez de eso use marcadores, plumas de tinta brillante, sombreros y accesorios de Halloween para vestir sus calabacitas.

Es fácil hacer sus propias esferas de nieve utilizando frascos grandes de comida para bebé con tapas herméticas. Use pegamento epóxico (u otro pegamento resistente al agua) para pegar figuritas de plástico por dentro de la tapa del frasco. Deje que el pegamento seque completamente. Llene el frasco casi hasta arriba con agua destilada, añada una gota o dos de glicerina o aceite de bebé. Agregue una pizca o dos de diamantina (brillantina) plateada o blanca para hacer la "nieve", después asegure permanentemente la tapa al frasco, voltéelo al revés, y disfrute de la escena nevada. Las esferas de nieve hechas en casa son excelentes para llenar los calcetines de Navidad.

Disfrute de la nieve en un día de verano: haga conos de nieve con hielo molido y el jugo favorito de su hijo, para un postre que no sólo es delicioso para los niños pequeños, sino también reconfortante para los bebés en dentición.

Cree un libro de cuentos de invierno protagonizado por su familia. Los niños mayores pueden ayudarle a escribir el texto que acompañará a las fotos de sus hijos jugando en la nieve, sentados en el regazo de Santa Claus, comiendo galletas de Navidad, envolviendo regalos y decorando el árbol. Con la seguridad de que se convertirá en un recuerdo atesorado por la familia, este libro de cuentos tan especial será algo que sus hijos desearán leer cada vez que llegue el invierno, sin importar lo grandes que sean.

Más aprendizaje en la tienda

Convierta un viaje diario al supermercado en una mágica experiencia de aprendizaje. El pasillo de las frutas y verduras es ideal para que el bebé aprenda colores (manzanas rojas y peras amarillas), texturas (cocos ásperos y kiwis peludos), y formas (naranjas redondas y plátanos en forma de media luna). Mientras selecciona sopas tibias y recién hechas en su tienda, enséñele a su bebé la palabra "caliente", después llévelo a los pasillos de comida congelada para una lección de "frío".

Mantenga entretenidos a los niños pequeños durante sus compras permitiéndoles buscar muchos de los artículos de su lista. Escriba una lista con palabras grandes y fáciles de leer. Señale las palabras conforme le pida los productos, y lleve consigo una pluma para que su hijo pueda tachar los artículos conforme los encuentre. Si es realmente ambicioso, convierta su lista de compras en un cartón de lotería y permítale que dibuje una "X" en cada cuadrito, conforme encuentre el objeto enlistado. Premie la ayuda de su hijo escribiendo "Premio especial para mí" en el centro de la cuadrícula... por ejemplo, un pase gratis para escoger un juguete o postre en la tienda. Esta es una estupenda manera de propiciar el razonamiento independiente y enseñarle a tomar decisiones. Apegarse a una lista específica y ofrecerle un premio especial al final del viaje mantendrá ocupado a su hijo ¡y evitará que le pida numerosas veces (entre lloriqueos demandantes) una multitud de los tentadores bocadillos que se exhiben en la tienda mientras usted compra!

⭐ Refuerce las palabras que acaba de aprender en la tienda diciéndole al bebé los nombres de los artículos que compró conforme los saca de las bolsas, o pidiéndole a su niño pequeño que desempaque las cosas con usted y diga el nombre de cada artículo que saque. Adivinar en qué parte de la casa va cada uno de los artículos es un gran ejercicio de solución de problemas, que agudiza las habilidades de clasificación y agrupación de elementos.

CUADRADO   ROJO   FRÍO

Capítulo 3

Herramientas
para Aprender

Este capítulo le proporciona todo lo que necesita para llevar al bebé a una exploración visual y auditiva de las bellas artes, un viaje mágico que seguramente promoverá un amor perdurable por el aprendizaje. Y no hay mejor guía para esta expedición de aprendizaje que un padre o una madre cariñosos. Diseñada para apoyar y motivar la interacción dinámica entre padres e hijos, esta sección contiene una lista cuidadosamente seleccionada de antologías de poesía, música clásica y libros de grandes obras maestras. Estos recursos educativos amigables para el bebé invitarán a su hijo a descubrir las grandes formas de expresión humana: lenguaje, poesía, música y arte.

El acercamiento a las bellas artes ampliará la comprensión emocional e intelectual de su hijo de las palabras, música e imágenes. Leer poesía y versos a los niños mejora la adquisición de vocabulario, promueve el desarrollo del habla y ayuda a desarrollar un sentido agudo de los patrones del lenguaje. A través de las obras de arte, las variadas formas, colores y emociones de "el mundo en libertad" se vuelven accesibles para los niños, mientras que los efectos benéficos de escuchar música clásica (incluyendo la adquisición de habilidades de memoria y verbales, y habilidades de razonamiento espacial) son innumerables. Busque maneras especiales de incorporar las humanidades a la rutina diaria del bebé: en la mañana, explore los colores vívidos y criaturas caprichosas de Marc Chagall, que despiertan los sentidos; marque el inicio de la hora del juego imaginativo en las tardes con las melodías alegres de Bach; y después siéntense juntos a leer poemas infantiles clásicos que seguramente inspirarán sueños maravillosos.

Antologías de poesías encantadoras para el bebé

A la orilla del agua y otros poemas de América Latina
Claudia M. Lee (compiladora). Ilustraciones de Rafael Yockteng.
México/Toronto, Artes de México y del Mundo/Groenwood Books, 2002.

*Una selección novedosa de grandes autores latinoamericanos, contiene 64 poemas de 19 países y mezcla autores conocidos con nuevos creadores, incluyendo voces de la comunidad indígena prehispánica y actual. Agrupa los poemas en cuatro temas: "Recetas mágicas", "Cantos y arrullos de nuestra tradición", "El grillo canta en la montaña" y "Palabras y libros".

Al téquerreteque: Sabines para niños
México, Conaculta, 2001.

*Fragmentos de la obra poética de Jaime Sabines, donde la palabra con luz cuenta cuentos, hace preguntas y afirma, también ríe y llora, aconseja, juega, ama. Con asombrosas ilustraciones hechas por niños y niñas chiapanecos.

Antón Pirulero

Alma Flores Ada, F. Isabel Campoy. México, Alfaguara, 2000.

*Este libro de formato grande contiene poesía breve escrita por autores hispanos, desde clásicos hasta actuales. Exalta el orgullo de tener raíces latinoamericanas y al mismo tiempo es un recorrido por la naturaleza de cada país representado.

El barco sin capitán

Nora Puccini de Rosado. Ilustraciones de Juan Sierra. Bogotá, Panamericana, 2000.

*Un poema que se desarrolla como un cuento, con tipografía grandísima, resalta la empatía y al mismo tiempo la afirmación de la individualidad.

Bichonanzas y adivinaplantas

Selección de Alicia Zambrano. Ilustraciones de Juan Sierra. Bogotá, Panorama, 1ª. reimp., 2001.

*Divertidas adivinanzas populares sobre animales y plantas, muchas veces describen su aspecto físico o alguna cualidad, y en ocasiones son simples juegos de palabras. Las ilustraciones son magníficas y fácilmente identificables por los pequeños.

Canta y juega

Selección de Arlette de Alba. Ilustrado por Rosario Valderrama. Transcripción musical de Itza González. Lincolnwood, Publications International, 2001.

*Diez canciones infantiles tradicionales que invitan al juego. Contiene un módulo de sonido donde se puede escuchar la música de cada una.

De la A a la Z por un poeta

Fernando del Paso. Ilustraciones de Manuel Marín. México, Conaculta, 2000.

*Un poético abecedario, con sonoras y simpáticas rimas. Las fotografías presentan las letras en tercera dimensión.

En los cabellos del árbol: Elías Nandino para niños

México, Conaculta, 2001.

*En estas gotas de vida cotidiana, el conocido poeta jalisciense Elías Nandino presenta con frescura muchos ámbitos del mundo infantil: las maravillas del color, los animales domésticos y de granja, el olor de la fruta, el asombro del mar y del sol. Las ilustraciones realizadas por niños y niñas de Jalisco enriquecen este libro de formato pequeño.

Folclore popular infantil. Canciones, juegos, adivinanzas, cantinelas, retahílas y trabalenguas

Selección de Ana Serna Vara. Ilustraciones de Marifé González. Madrid, Susaeta, s/f.

*Una enorme recopilación de canciones, juegos y dichos del folclore español. Un libro para jugar, cantar y recordar.

Hijos de la primavera. Vida y palabras de los indios de América

Ilustraciones en color de Felipe Dávalos. México, Fondo de Cultura Económica, 3ª. reimp., 2000.

*La vida de los niños, mitos de creación y la forma del mundo. Incluye fábulas, adivinanzas, juegos, canciones de cuna y 130 ilustraciones. Los textos pertenecen a las culturas indias americanas, desde Alaska hasta la Tierra del Fuego.

El himno de las ranas

Elsa Cross. Ilustraciones de Lucía Zacchi. México, CIDCLI, 3ª. ed., 1997.

*Un alegre himno a la naturaleza, presenta el despertar de la vida gracias a la lluvia. Los versos son sencillos y descriptivos, y las ilustraciones de gran calidad.

Jardín de versos para niños

Robert Luis Stevenson. Con ilustraciones de Jessie Wilcox Smith. Traducción de Gustavo Falaquera. Madrid, Hiperión, 2001.

*Primera edición española de los conocidos y recordados poemas de Stevenson. Aun en español se conserva la musicalidad de este retrato íntimo y eterno de lo dichosa y maravillosa que es la niñez.

Jardín del mar

Coral Bracho. Ilustraciones de Gerardo Suzán. México, CIDCLI, 2ª. ed., 2000.

*Un desfile poético de criaturas marinas, desde la anémona y la madreperla, hasta la raya, la anguila eléctrica, el pulpo o el erizo. Las sencillas descripciones son poemas de cuatro versos. Ilustraciones valiosas, aunque pueden resultar un poco confusas para los más pequeños.

El libro de Antón Pirulero: coplas, nanas, adivinanzas, retahílas

Selección de Sergio Andricaín y Antonio Orlando Rodríguez. Ilustraciones de Ivar Da Coll. Bogotá, Panamericana, 4ª. reimp., 2001.

*Coplas y arrullos del Caribe, recopilados por dos cubanos e ilustrados por una colombiana. Tiene textos introductorios a cada sección, muy inspiradores y alegres.

Mambrú

Alma Flor Ada, F. Isabel Campoy. México, Alfaguara, 2000.

*Una selección de obras de autores hispanos que acerca al paisaje y la naturaleza de América Latina y muestra el orgullo de ser latinoamericano.

Mi bicicleta es un hada y otros secretos por el estilo

Antonio Orlando Rodríguez. Ilustraciones de Esperanza Vallejo. Bogotá, Panorama, 2001.

*Divertidas e imaginativas rimas, con ilustraciones impactantes. Cuentos y anécdotas en verso.

Poemas con sol y son. Poesía de América Latina para niños

Argentina/Aique Grupo Editor; Brasil/Melhoramentos; Colombia/Grupo Editorial Norma; Costa Rica/Ediciones Farben; México/CIDCLI; Nicaragua/Ananá Ediciones; Perú/ Promoción Editorial Inca; Puerto Rico/Ediciones Huracán; República Dominicana/Editora Taller; Venezuela-Chile/Ediciones Ekaré. 1ª. ed., Costa Rica, 2000. 1ª. reimp., México, 2002.

*Una maravillosa recopilación y edición conjunta de nueva creación latinoamericana, habla de lo que dicen los colores, las flores, la luna, los animales, las palabras que se despeñan, los juguetes, la forma de los números y, en general, los objetos que rodean el espacio de un niño pequeño.

Poemas para pequeñines

Concepto de Julie Aigner-Clark. Fotografías de J.D. Marson. México, Silver Dolphin, 2003.

*Poemas sobre objetos interesantes para los niños pequeños. Contiene también información e ideas para los padres, así como pestañas para identificar cada poema.

Poesía infantil

Gabriela Mistral. Santiago de Chile, Editorial Andrés Bello, 1983. 10ª. ed., 2002.

*Reúne las Rondas, Canciones de cuna y una treintena de poemas de la maestra de América, Gabriela Mistral. En todos hay un manejo puro de la lengua.

Poesía para niños

Gabriela de los Ángeles Santana (compiladora). México, Selector, 5ª. reimp., 2003.

*Una selección de obras de Tablada, Alberti, García Lorca, José Martí, Gabriela Mistral, José de Espronceda, Rubén Darío y algunas otras obras hechas para este libro. Tiene poemas del mar, universo, canciones, haikús, animales, infancia y familia. Casi no está ilustrado y el papel es endeble, pero la selección resulta valiosa.

Poesía para niños II

Gabriela de los Ángeles Santana. México, Selector, 2002.

*Ahora Gabriela Santana hace una selección de poesía del siglo XX para niños, concentrándose en el cosmos, las estaciones, bestiario, los elementos, los cinco sentidos, animales y haikús.

Libros de arte fascinantes para el bebé

El arte en puzzle. El circo

Barcelona, Serres, 2002.

*Cinco rompecabezas de 12 piezas cada uno, para aprender a mirar y descubrir las riquezas de la pintura. Explica el tema del cuadro e invita a la observación con preguntas simples y pertinentes.

Colección "Arte para niños"

México, Conaculta, 2000-2001. Todos los títulos fueron escritos por Brigitte Baumbusch. Recomendamos los siguientes: Árboles, Casas, Cielo, Flores, Mares, Ojos y Peces.

*En "Arte para niños" se encuentra una muestra de lo que la imaginación humana ha representado, creado, retratado, utilizado. Desde obras de arte prehistórico hasta creaciones contemporáneas, desde piezas artesanales hasta cuadros de pintores famosos. Las imágenes de estos libros descubren el mundo del arte de manera divertida y despiertan la memoria visual.

Baila, Tanya

Patricia Lee Gauch. Ilustraciones de Satomi Ichikawa. Barcelona, Serres, 2000.

*Las delicadas acuarelas de Ichikawa nos presentan el mundo del ballet, sus pasos y una puesta en escena del Lago de los cisnes. La protagonista es una niñita de unos tres años de edad.

Carlota descubre a los impresionistas

James Mayhew. Barcelona, Serres, 3ª. ed., 2001.

*Carlota se interna en las pinturas y tiene divertidas aventuras en las obras de Monet, Renoir y Degas.

Carlota y Monna Lisa

James Mayhew. Barcelona, Serres, 1998.

*Carlota habla con el cuadro de la Monna Lisa y ésta la invita a entrar en la pintura y conocer el mundo de la Italia renacentista. Entre simpáticas anécdotas, se encuentran con obras de Leonardo, Boticelli, Rafael y Carpaccio.

Como usted vea... Fernando Botero

Ma. Cristina Urrutia. México, Tecolote, 2a. Ed. 2001.

*Basado en pinturas y textos de Fernando Botero, el libro tiene un juego tipográfico que invita a observar catorce obras de este pintor colombiano.

Daisy quiere ser famosa

Richard Kidd. Barcelona, Serres, 2001.

*Daisy viaja por el mundo en busca de lo que más le gusta para hacer una pintura. Incursiona en los estilos de Van Gogh, Monet, Chagall, Gauguin y Jackson Pollock.

Descubre el mundo de la pintura

Lucy Micklethwait. Barcelona, Molino, 1999.

*Un viaje a través de pinturas que van desde el siglo XV hasta finales del XX. Invita al niño a investigar sobre la pintura y observar sus elementos.

La gran noche de los perros

Meredith Hooper. Ilustrado por Allan Curless y Mark Burgess. Barcelona, Serres, 2000.

*Simpática historia donde los perros de los cuadros de la National Gallery de Londres cobran vida por una noche y quedan intercambiados.

Lucas, un detective en el museo

Alexander Sturgis, Lauren Child. Barcelona, Serres, 2002.

*Interesante historia de un niño que quiere ser detective y descubre muchas pistas en doce obras maestras de la pintura. Ayuda a entender y observar con profundidad los cuadros.

El museo de Carlota

James Mayhew. Barcelona, Serres, 1996.

*Carlota visita un museo, toca los cuadros (aunque esté prohibido) y los cuadros viven con ella. Presenta obras de Constable, Ingres, Renoir, Rousseau y Malevich.

El mundo de colores de Van Gogh

Concepto/idea de Julie Aigner-Clark. México, Silver Dolphin, 2003.

*El libro dedica cada página a un color y presenta al lado una pintura de Vincent Van Gogh donde aparece el color mencionado. Además, contiene breves textos de Van Gogh sobre el arte.

El pequeño David Siqueiros

Esther Sanguino Arias. México, Conaculta, 2001.

*Un largo cuento con anécdotas de la infancia de Siqueiros y reseña general de su obra. Contiene ocho fragmentos de murales del pintor.

Pequeño museo

Imágenes escogidas por Alain Le Saux y Grégoire Solotareff. Barcelona, Corimbo, 2000.

*158 fotografías de grandes obras maestras de todo el mundo, que ilustran palabras ordenadas alfabéticamente.

Trazos, ritmo y color. Francisco Icaza

Adaptación de textos del pintor: Teresa Icaza. México, Tecolote, 2003.

*Textos alegres que reflejan la infancia del pintor y su evolución como artista. Presenta 22 obras de Icaza.

Yo miro, miro todo el tiempo. Rufino Tamayo

Basado en pinturas y textos de Rufino Tamayo. Claudia Burr Muro. México, Tecolote, 2ª. ed., 2002.

*Con un juego tipográfico interesante y atractivo, presenta citas sencillas y claras de Tamayo sobre el arte de pintar.

¡ZOOM... en el arte! Otra forma de mirar el arte

Gillian Wolfe. Barcelona, Serres, 2002.

*Una visión novedosa de 18 obras maestras, desde el siglo XVI hasta el XX, que explica cuál era el punto de vista del pintor. Excelente selección de obras, hace una reseña del contenido del cuadro y su contexto.

Algunos libros para divertirse y aprender

Existen muchísimos libros dedicados a los más pequeños, cuyo objetivo es desarrollar las habilidades de los bebés. Aquí presentamos algunos que pueden ser muy útiles.

Colección "Vamos a Empezar":

Números, Figuras, Colores, Música, Títeres.

México, Silver Dolphin.

Libros interactivos con diferentes temas acompañados de complementos didácticos como pinturas, pinceles, fieltro, estambre, diamantina, cascabeles. Con textos sencillos y propuestas de diferentes actividades para que los niños aprendan jugando.

Colección "En la naturaleza":

En el mar, En el bosque, En la montaña, En el océano y En la selva

México, Silver Dolphin.

Libros interactivos con imágenes en relieve y texturas para que los chicos vean y toquen a los animales. Contiene textos en verso y solapas debajo de las cuales hay propuestas de juego para contar y buscar elementos.

Mentes activas

Lincolnwood, Publications International, 1999. Cuatro libros en una caja-portafolio.

Con fotografías de brillantes colores y tapitas que se levantan para descubrir nuevas ilustraciones, estos libros son ideales para aprender las primeras palabras, figuras, colores y números.

Música clásica amigable para el bebé

Melodías matutinas

"Allegro para un reloj de flauta", Ludwig van Beethoven

Arabesco núm. 1, Claude Debussy

"Baile árabe" (de *Peer Gynt*), Edvard Grieg

"La llegada de la Reina de Saba" (*Salomón*), George Frederick Haendel

Estudio en Sol bemol, Opus 10, núm. 5 ("Teclas negras"), Frédéric Chopin

"Imágenes: Nocturnos para orquesta" ("Sirenas"), Claude Debussy

"Mensaje de amor", Franz Liszt

"El deseo de la doncella", Franz Liszt

La suite del Cascanueces: "Danza de los caramillos", Piotr Ilich Tchaikovsky

"Pequeña suite—En barco", Claude Debussy

Preludio en Sol, Opus 28, núm. 3, Frédéric Chopin

La Bella Durmiente: "Panorama" (Acto II), Piotr Ilich Tchaikovsky

Sonata en Do mayor, KV 309 (*Allegro con spirito*), Wolfgang Amadeus Mozart

Cuarteto de cuerdas núm. 13 en Si bemol, Op. 130 (*Alla danza tedesca, Allegro assai*), Ludwig van Beethoven

Sinfonía núm. 33 en Si bemol (*Allegro assai*), Wolfgang Amadeus Mozart

Música para la hora del baño

Aria de *Las bodas de Fígaro* ("Non Più Andrai"), Wolfgang Amadeus Mozart

"Concierto de Brandenburgo" núm. 4, BWV 1049 (primer movimiento), Johann Sebastian Bach

Contradanza núm. 5, Ludwig van Beethoven

Concierto para flauta núm. 4 en Sol (Largo), Antonio Vivaldi

Sonata para flauta en Mi bemol, BWV 1031 (primer movimiento), Johann Sebastian Bach

Sonata para piano en La mayor, K. 331 (*Andante gransioso*), Wolfgang Amadeus Mozart

"Deh Vieni alla Finestra," de *Don Giovanni,* K. 527, Wolfgang Amadeus Mozart

"Jeptha: Sinfonía", George Frederick Haendel

"Los juegos de agua en la Villa D'Este", Franz Liszt

La suite del Cascanueces: "Danza del Hada de Azúcar", Piotr Ilich Tchaikovsky

Sonata para piano núm. 7 en Re, Op. 10, núm. 3—"Minueto" (*Allegro*), Ludwig van Beethoven

Sonata para piano núm. 15 en Re, Op. 28 ("Pastoral")—Rondó (*Allegro ma non troppo*), Ludwig van Beethoven

Rondó en Do, Op. 51, núm. 1, Ludwig van Beethoven

El lago de los cisnes: "Odette y el príncipe" (Acto II), Piotr Ilich Tchaikovsky

Concierto para violín núm. 4 en Re mayor, K. 218 ("Rondó"), Wolfgang Amadeus Mozart

Canciones para jugar o bailar

La novia vendida, "Obertura", Bedrich Smetana

La novia vendida, "Skocna", Bedrich Smetana

"Concierto de Brandenburgo" núm. 5, BWV 1050 (3er. movimiento), Johann Sebastian Bach

"Claro de luna", Claude Debussy

Contradanza núm. 4, Ludwig van Beethoven

"Variaciones Goldberg", núm. 1, BWV 988, Johann Sebastian Bach

"El salón del rey de la montaña" (de *Peer Gynt*), Edvard Grieg

Las criaturas de Prometeo, Final (*Allegretto*), Ludwig van Beethoven

Las bodas de Fígaro, Obertura, Wolfgang Amadeus Mozart

Marcha militar núm. 1 en Fa, WoO 18, Ludwig van Beethoven

Sonata para piano núm. 11, K. 331 ("Rondó a la turca"—"Marcha turca"), Wolfgang Amadeus Mozart

Sonata para piano núm. 15, K. 545 (*Allegro*), Wolfgang Amadeus Mozart

Rondó a Capricho en Sol, Op. 129, Ludwig van Beethoven

Las ruinas de Atenas, "Marcha turca", Op. 113, Ludwig van Beethoven

Sinfonía núm. 4, "Italiana", Felix Mendelssohn

Sinfonía núm. 8 en Fa, Op. 93 (*Allegro scherzando*), Ludwig van Beethoven

Melodías para la hora del masaje y la calma

"Eine Kleine Nachtmusik" ("Romance"), Wolfgang Amadeus Mozart

"Para Elisa", Ludwig van Beethoven

"Gran polonesa brillante", Op. 22 (*Andante spianato: tranquillo*), Frédéric Chopin

"Jesús, alegría del deseo del hombre", BWV 147, Johann Sebastian Bach

"Sueño de Amor", Franz Liszt

"Querida", Franz Liszt

Concierto para oboe en Re menor (*Adagio*), Tommaso Albinoni

"Sinfonía Pastoral" (*Mesías*), George Frederick Haendel

Concierto para piano núm. 4 en Sol menor (*Largo*), Sergei Rachmaninoff

Sonata para piano núm. 20 en Sol, Op. 49 núm. 2 (*Tempo di menuetto*), Ludwig van Beethoven

Trío para piano en La menor (*Andante con moto*), Piotr Ilich Tchaikovsky

Preludio en Re, Sergei Rachmaninoff

Preludio núm. 7 en La, Op. 28 (*Las sílfides*), Frédéric Chopin

Vals núm. 15 en La bemol, Johannes Brahms

"Dedicación", Franz Liszt

Selecciones para la hora de dormir

"Ave Verum Corpus", K. 618, Wolfgang Amadeus Mozart

"Canon," Johann Pachelbel

Concierto para trompeta núm. 4 en Mi bemol—"Romanza" (*Andante*),
Wolfgang Amadeus Mozart

Intermezzo núm. 1 en Mi bemol, Johannes Brahms

"Canción de cuna", Johannes Brahms

"La doncella del cabello de lino", Claude Debussy

Minueto en Sol de los *Cuadernos de Ana Magdalena*, Johann Sebastian Bach

Suite para orquesta núm. 3 en Re, BWV 1068, "Aire", Johann Sebastian Bach

Concierto para piano núm. 15 en Si bemol (*Andante*),
Wolfgang Amadeus Mozart

Concierto para piano núm. 21, K. 467
(*Andante*—Tema de *Elvira Madigan*),
Wolfgang Amadeus Mozart

Sonata para piano núm. 8 en Do menor,
Op. 13 (*Adagio cantabile*— "Patética"),
Ludwig van Beethoven

"Preludio para la tarde de un fauno", Claude Debussy

"Sanctus" (*del* Réquiem Op. 48), Gabriel Faure

"Serenata para vientos", K. 375 (*Adagio*), Wolfgang Amadeus Mozart

"Durmientes, despierten:" de la Cantata núm. 140 ("Wachet auf, ruft uns die Stimme"), Johann Sebastian Bach

Sinfonía núm. 9, del *Nuevo Mundo*, Antonin Dvorak

Sinfonía núm. 38 "Praga" (*Andante*), Wolfgang Amadeus Mozart

"Serenata de viento" núm. 12 en Do menor (*Andante*), Wolfgang Amadeus Mozar

índice

Índice Principal

Índice por nivel de actividad

Productos

Los padres, especialmente los padres primerizos, pueden sentirse abrumados con la enorme cantidad de herramientas de aprendizaje disponibles para sus hijos. Este es un pequeño ejemplo de los maravillosos productos que usted puede disfrutar con sus hijos.

"*Trabajo en una guardería y mi grupo de niños, de 2 a 3 años, está enamorado de los videos, discos compactos y libros de Baby Einstein que tengo para ellos. ¡Se divierten tanto, que ni siquiera se dan cuenta de que están aprendiendo!*"

Baby Vivaldi™
CD
Todas las edades

Arte

Lenguaje

Matemáticas y Ciencia

Animales y Naturaleza

Un niño se **fascina**
con el **mundo**.
Usted se fascina con su **hijo**.
Puede parecer **simple**,
pero es sólo porque así **es**.